Deutsch als Fremdsprache

Gloria Bosch
Kristine Dahmen
Ulrike Haas

Schritte plus im Beruf

Deutsch für ... Ihren Beruf

Hueber Verlag

Quellenverzeichnis

Cover von links: © fotolia/EastWest Imaging; © PantherMedia/Scott Griessel; © Thinkstock
S. 36: Piktos © fotolia/bilderzwerg
S. 75: Pikto rot © fotolia/T. Michel; alle weiteren © fotolia/bilderzwerg
S. 85: Piktos © fotolia/Artemida-psy
S. 89: Piktos von links: © Thinkstock/iStock/Alex Belomlinsky; © Thinkstock/iStock/arabes; © Thinkstock/iStock/lukiv007
S. 91: Piktos © fotolia/sunt
S. 120: Pikto rot © fotolia/T. Michel; alle weiteren © fotolia/bilderzwerg

Der Verlag weist ausdrücklich darauf hin, dass im Text
enthaltene externe Links vom Verlag nur bis zum Zeitpunkt
der Buchveröffentlichung eingesehen werden konnten.
Auf spätere Veränderungen hat der Verlag keinerlei Einfluss.
Eine Haftung des Verlags ist daher ausgeschlossen.

Das Werk und seine Teile sind urheberrechtlich geschützt.
Jede Verwertung in anderen als den gesetzlich zugelassenen Fällen
bedarf deshalb der vorherigen schriftlichen Einwilligung des Verlags.

Eingetragene Warenzeichen oder Marken sind Eigentum des
jeweiligen Zeichen- bzw. Markeninhabers, auch dann, wenn diese
nicht gekennzeichnet sind. Es ist jedoch zu beachten, dass weder
das Vorhandensein noch das Fehlen derartiger Kennzeichnungen
die Rechtslage hinsichtlich dieser gewerblichen Schutzrechte berührt.

7.	6.	5.		Die letzten Ziffern
2029	28 27	26 25		bezeichnen Zahl und Jahr des Druckes.

Alle Drucke dieser Auflage können, da unverändert,
nebeneinander benutzt werden.
1. Auflage
© 2009 Hueber Verlag GmbH & Co. KG, München, Deutschland
Illustrationen: Gisela Specht, Weßling
Verlagsredaktion: Valeska Hagner, Hueber Verlag, München
Satz: Birgit Winter, Seefeld
Umschlaggestaltung: Astrid Hansen, Hueber Verlag, München
GPSR-Kontakt: Hueber Verlag GmbH & Co. KG, Baubergerstraße 30,
80992 München, kundenservice@hueber.de
Druck und Bindung: Friedrich Pustet GmbH & Co. KG, Gutenbergstraße 8,
93051 Regensburg, technik@pustet.de
Printed in Germany
ISBN 978-3-19-561704-8

Schritte plus im Beruf

Inhalt

Deutsch für ...

Altenpflegerinnen und Altenpfleger 4

Änderungsschneiderinnen und Änderungsschneider 10

die Bibliothek 15

das Büro (Sprechen) 22

das Büro (Schreiben) 26

Friseurinnen und Friseure 31

Handling-Personal / Lader am Flughafen 34

Kellnerinnen und Kellner 38

Kfz-Mechatronikerinnen und -Mechatroniker 42

Kinderpflegerinnen und Kinderpfleger 49

Köche und Küchenhilfen 54

Krankenschwestern und Krankenpfleger 59

Lagerkräfte 64

Malerinnen und Maler 67

Maurerinnen und Maurer 70

Mitarbeiterinnen und Mitarbeiter an der Rezeption 76

Reinigungskräfte 82

Taxifahrerinnen und Taxifahrer 86

Verkäuferinnen und Verkäufer 92

Zimmermädchen und Roomboys 96

Lösungen 99

Schritte plus im Beruf

Deutsch für Altenpflegerinnen und Altenpfleger

1 Im Altenheim

a Sehen Sie das Bild an und ordnen Sie die Wörter zu. Arbeiten Sie auch mit dem Wörterbuch.

---

der Aktenordner, - • das Anti-Dekubitus-Fell, -e • die Bank, ⸚e • der Balkon, -e • das Bett, -en
der Bildschirm, -e • das Blutdruckmessgerät, -e • das Desinfektionsmittel, - • der Gehstock, ⸚e
der Gymnastikball, ⸚e • der Haltegriff, -e • das Lagerungskissen, - • die Markise, -n
der Nachttisch, -e • die (Notruf-)Klingel, -n • der Rollator, -en • der Rollstuhl, ⸚e • die Salbe, -n
der Sonnenschirm, -e • das (Schach-)Spiel, -e • der Stehtrainer, - • die Sprossenwand, ⸚e
die Tablette, -n • der Tablettenportionierer, - • die Tastatur, -en • die Tropfen (Pl.)
der Verband, ⸚e • die Windel, -n

Schritte plus im Beruf

Deutsch für Altenpflegerinnen und Altenpfleger

b Was passt? Ergänzen Sie.

1. Wenn ein Patient eine offene Wunde hat, legt man ihm einen Verband an.
2. In einem Tablettenportionierer
3. Den Blutdruck muss man
4. Der Haltegriff hängt über dem Bett.
5. Einen Rollator
6. Vom vielen Liegen werden manche Patienten wund.
7. Für jeden Patienten gibt es eine Pflegedokumentation.
8. Wenn jemand schnell Hilfe benötigt,
9. Mit einem Gymnastikball
10. Bettlägerige Patienten

A Sie enthält alle wichtigen Informationen über den Patienten, wie zum Beispiel seine Krankengeschichte oder die genaue Pflegeplanung.

B Man kann sich daran hochziehen, wenn man sich aufsetzen möchte.

C Die wunden Stellen kann man mit Salbe einreiben.

D schiebt man beim Gehen vor sich her. Man kann sich daran festhalten.

E muss sie / er auf die Notruf-Klingel drücken.

F lagert man regelmäßig um. Dazu benutzt man Lagerungskissen.

G Nach einer bestimmten Zeit muss man ihn wechseln. Wenn die Wunde verheilt ist, kann man ihn wieder abnehmen.

H kann man Tabletten für eine Woche aufbewahren und sortieren: Tabletten für morgens, mittags und abends.

I regelmäßig überprüfen. Manche Patienten können ihn alleine messen.

J kann man (Kranken-)Gymnastik machen.

1	2	3	4	5	6	7	8	9	10

c Was machen Altenpfleger/-innen noch? Ergänzen Sie.

> verabreichen • organisieren • spielen • begleiten • helfen • nach Hause kommen
> trösten • singen • spazieren gehen • betreuen

Altenpfleger/-innen _____ (1) und pflegen alte Menschen. Sie unterstützen sie im täglichen Leben und _____ (2) ihnen bei der Körperpflege, beim Anziehen und beim Essen. Sie _____ (3) Medikamente und _____ (4) die Senioren zum Arzt. In Seniorenwohnheimen oder Altenpflegeheimen _____ (5) Altenpfleger/-innen für die Senioren auch Freizeitprogramme: Sie _____ (6) mit ihnen Gesellschaftsspiele, basteln, machen Gymnastik, _____ (7) gemeinsam Lieder oder _____ im Garten _____ (8). Bei der ambulanten Pflege _____ sie zu den Patienten _____ (9), auch nachts oder am Wochenende. Weil alte Menschen oft einsam oder traurig sind, müssen Altenpfleger auch viel Zeit und Geduld für Gespräche haben. Sie hören den Menschen zu und _____ (10) sie bei Sorgen und Problemen.

Schritte plus im Beruf

Deutsch für Altenpflegerinnen und Altenpfleger

2 Lesen Sie den Pflegeablaufplan für den Frühdienst. Wann macht wer was? Sprechen Sie.

Pflegeablaufplan Frühdienst   Vor-/Nachname (Bewohner): Johannes Wilkens

Geplante Uhrzeit	Maßnahmen	Pflegekraft	Pflegefachkraft
7.30 – 8.15	Gesicht und Hände waschen	X	
	rasieren	X	
	Gebiss reinigen und einsetzen	X	
	Wäsche wechseln	X	
	Blutzucker messen und Insulinspritze geben		X
	Medikamente verabreichen		X
8.15 – 8.45	Frühstück bringen und anreichen	X	
8.45 – 9.45	Druckverband abnehmen	X	X
	wunde Stellen mit Salbe einreiben	X	X
	neuen Verband anlegen	X	X
	Bewegungs- und Atemübungen machen	X	
11.30 – 12.00	Medikamente verabreichen		X
12.00 – 13.00	Mittagessen bringen und anreichen	X	

> *Von halb acht bis Viertel nach acht wäscht und rasiert die Pflegekraft Herrn Wilkens. Außerdem reinigt die Pflegekraft Herrn Wilkens Gebiss und setzt es ihm ein. Die Pflegekraft wechselt auch die Wäsche. Die Pflegefachkraft misst in dieser Zeit den Blutdruck von Herrn Wilkens, gibt ihm eine Insulinspritze und weitere Medikamente.*

3 Was müssen Sie normalerweise machen? Zu welcher Uhrzeit? Ergänzen Sie den Pflegeablaufplan. Benutzen Sie dabei die Wörter aus 1 und 2. Erzählen Sie dann.

Pflegeablaufplan

Uhrzeit	Maßnahmen

Schritte plus im Beruf

Deutsch für Altenpflegerinnen und Altenpfleger

**4 Lesen die Gespräche mit Ihrer Partnerin / Ihrem Partner und ordnen Sie zu:
Wo finden die Gespräche statt? Im ...**

Schwesternzimmer: Gespräch ☐   Behandlungszimmer: Gespräch ☐
Patientenzimmer: Gespräch ☐   Speiseraum: Gespräch ☐
Garten: Gespräch ☐

Gespräch 1:
- ◆ Guten Morgen, Frau Klein! Haben Sie gut geschlafen?
- ■ Wie bitte?
- ◆ HABEN SIE GUT GESCHLAFEN?
- ■ Ach ja, danke. Ich bin nur viel zu früh aufgewacht.
- ◆ Das tut mir aber leid. Ich bringe Ihnen den Tablettenportionierer mit Ihren Tabletten für diese Woche. Die roten hier nehmen Sie bitte immer vor dem Frühstück ein!
- ■ Gut, das mache ich. Vielen Dank.
- ◆ Bitte schön, bis später!
- ■ Bis später!

Gespräch 2:
- ◆ Wo bleibt denn Frau Siegmund? Ihr Essen wird ja ganz kalt!
- ■ Ich sage mal Schwester Brigitte Bescheid. Vielleicht hat sie niemand in ihrem Zimmer abgeholt. Alleine kommt sie doch die Treppe nicht runter.

Gespräch 3:
- ◆ Warten Sie bitte, Tobias. Ich kann heute nicht so schnell gehen. Das warme Wetter bekommt mir gar nicht.
- ■ Oh, Entschuldigung, Herr Lindemann. Wollen Sie sich lieber hier in den Schatten setzen?
- ◆ Ja, gern.

Gespräch 4:
- ◆ Wir machen jetzt wieder unsere Bewegungsübungen, Herr Kronberg. Setzen Sie sich bitte einmal hier auf den Gymnastikball und heben Sie die Arme an!
- ■ So?
- ◆ Ja, so ist es gut. Und jetzt noch ein bisschen höher bitte!

Gespräch 5:
- ◆ Schwester Anja, sehen Sie bitte bald nach Frau Mertens. Sie hat schon dreimal geklingelt, weil sie ihren Gehstock nicht finden kann.
- ■ In Ordnung. Ich gehe gleich zu ihr.
- ◆ Ach ja, und dann müssten Sie Frau Dahl noch duschen. Das haben wir heute Morgen nicht mehr geschafft!
- ■ Gut, das mache ich dann später.

Schritte plus im Beruf

Deutsch für Altenpflegerinnen und Altenpfleger

5 Arbeiten Sie mit Ihrer Partnerin / Ihrem Partner. Ordnen Sie die Redemittel zu und spielen Sie dann die Gespräche auf den Rollenkärtchen.

> Wie geht es Ihnen heute? • Bei Frau / Herrn XY müssen wir noch … • Kann ich Ihnen behilflich sein?
> Das ist doch nicht so schlimm. • Brauchen Sie Hilfe? • Wie fühlen Sie sich heute?
> Was haben Sie / hast du heute bei Frau / Herrn XY gemacht? • Soll ich Ihnen helfen?
> Haben Sie gut geschlafen? • Morgen geht es Ihnen sicherlich wieder besser.
> Haben Sie / Hast du schon … ? • Sie werden sehen: Das wird schon wieder!

sich nach dem Befinden erkundigen	Hilfe anbieten	Verständnis zeigen, trösten	Patienteninformationen austauschen
Wie geht es Ihnen heute?			

Altenpfleger/-in:

Sie bringen einer Bewohnerin / einem Bewohner das Frühstück. Fragen Sie, wie es ihr / ihm geht und ob sie / er beim Essen Hilfe braucht.

Die Bewohnerin / Der Bewohner verträgt das nasskalte Wetter nicht. Trösten Sie sie / ihn. Morgen wird es ihr / ihm wieder besser gehen. Es wird wieder wärmer.

Es ist Schichtwechsel. Fragen Sie Ihre Kollegin / Ihren Kollegen, was sie / er bei Frau / Herrn XY gemacht hat.

Bewohner/-in:

Sie bekommen Ihr Frühstück ans Bett gebracht. Sie können aber nicht alleine essen. Bitten Sie um Hilfe.

Heute ist es nasskalt. Es geht Ihnen nicht gut. Sie sind müde und haben große Probleme beim Gehen. Sie wissen nicht, was Sie tun sollen.

Kollegin / Kollege:

Es ist Schichtwechsel. Berichten Sie Ihrer Kollegin / Ihrem Kollegen, was Sie bei Frau / Herrn XY gemacht haben und was sonst noch zu tun ist.

Schritte plus im Beruf

Deutsch für Altenpflegerinnen und Altenpfleger

6 Ordnen Sie zu: Wie sind die Leute?

Frau A kann nicht mehr aufstehen und liegt nur noch im Bett.

Herr B redet sehr wenig. Er spricht nur, wenn man ihn etwas fragt.

Frau C trifft sich gerne mit anderen Senioren und erzählt Geschichten aus ihrem Leben.

Herr D ist traurig, weil er sehr wenig Kontakt zu anderen Menschen hat.

Frau E kann sich nicht mehr alleine orientieren. Sie weiß nicht, wo sie ist und hat kein Zeitgefühl.

Herr F hat große Probleme beim Gehen. Er hat keine Kraft in den Beinen und benutzt einen Rollator.

Frau G nimmt immer gern an gemeinsamen Ausflügen teil.

Herr H treibt gerne Sport und liebt lange Spaziergänge.

einsam

verwirrt / dement

schwach / gebrechlich

schweigsam

unternehmungs- lustig

gesellig / redselig

rüstig

bettlägerig

7 Wen betreuen Sie? Beschreiben Sie eine Person oder mehrere Personen. Die Wörter aus 6 helfen Ihnen dabei.

Schritte plus im Beruf

Deutsch für Änderungsschneiderinnen und Änderungsschneider

1 In der Änderungsschneiderei / Reinigungsannahmestelle

a Sehen Sie das Bild an und ordnen Sie die Wörter zu. Arbeiten Sie auch mit dem Wörterbuch.

---

die Applikation, -en • der Abholzettel, - • die Schutzhülle, -n • die Umkleidekabine, -n
das Nadelkissen, - • die Sicherheitsnadel, -n • der Drahtbügel, - • der Reißverschluss, ⸚e
das Nähgarn, -e • der Knopf, ⸚e • das Gummiband, ⸚er • der Spiegel, - • der Hocker, -
das Maßband, ⸚er • die Zuschneideschere, -n • die Nähmaschine, -n • die Bluse, -n
der Mantel, ⸚ • das Kleid, -er • das Dampfbügeleisen, - • der Bügeltisch, -e • der Stoff, -e
der Wassertank, -s • das Nahtband, ⸚er • der Kleiderständer, - • der Vorhang, ⸚e

– 10 –

Schritte plus im Beruf

Deutsch für Änderungsschneiderinnen und Änderungsschneider

b Wo ist was? Arbeiten Sie mit Ihrer Partnerin / Ihrem Partner und beschreiben Sie das Bild.

> Also, hinter der Kasse steht ein Regal mit Knöpfen, Applikationen, Naht- und Gummibändern.

> Ja, da steht auch der Kleiderständer. An dem Ständer hängen verschiedene Kleidungsstücke in Schutzhüllen.

c Was passt? Ergänzen Sie.

1	Die Schutzhülle sorgt dafür,	A kann man die zur Abholung fertigen Kleidungsstücke hängen.
2	In der Umkleidekabine	B kann man Textilien leicht und schonend bügeln.
3	Nähgarn	C können auch Knöpfe annähen.
4	Mit einem Dampfbügeleisen	D stecken viele verschiedene Nadeln: Stecknadeln, Stopfnadeln und Sicherheitsnadeln. Man braucht sie, wenn man Stoffe abstecken, Löcher stopfen oder Stoffe zusammenheften will.
5	Reißverschlüsse	E dass gereinigte Kleidungsstücke nicht wieder schmutzig werden.
6	Gute Nähmaschinen	F gibt es in vielen verschiedenen Farben, denn es soll zu den Stoffen passen.
7	Mit der Zuschneideschere	G können sich die Kunden umziehen und die geänderten Kleidungsstücke anprobieren.
8	An den Kleiderständer	H kann man zum Beispiel die Beinlänge eines Kunden messen.
9	Im Nadelkissen	I kann man Stoffe zuschneiden.
10	Mit einem Maßband	J gehen leicht kaputt und lassen sich besonders schwer einnähen.

1	2	3	4	5	6	7	8	9	10

Schritte plus im Beruf

Deutsch für Änderungsschneiderinnen und Änderungsschneider

2 Welche Aufgaben haben Änderungsschneider/-innen noch? Ergänzen Sie.

> dämpfen • einnähen • beraten • heraustrennen • kürzen • bügeln • ändern
> herauslassen • Maß nehmen • stopfen • abstecken

Ist die Hose zu eng oder der Anzug zu weit? Kein Problem für Änderungsschneider. Sie können Kleidungsstücke und andere Textilien wie Vorhänge oder Gardinen _____ (1). Zunächst _____ (2) sie ihre Kunden über die Änderungsmöglichkeiten. Dann _____ sie dem Kunden _____ (3) und _____ Hosen, Röcke oder Kleider _____ (4). Dabei müssen Änderungsschneider die Länge _____ (5) oder etwas Saum _____ (6). Kaputte Reißverschlüsse _____ sie _____ (7) und _____ neue _____ (8). Bei den meisten Änderungsarbeiten benutzen Änderungsschneider die Nähmaschine. Manches machen sie aber auch per Hand, zum Beispiel schwierige Löcher _____ (9). Zu den Aufgaben von Änderungsschneidern gehört es ebenso, die Textilien zum Schluss sorgfältig zu _____ (10) oder zu _____ (11). Häufig nehmen Änderungsschneider auch Bekleidung zur Reinigung entgegen. Sie geben die Kleidungsstücke an ein Textilpflegeunternehmen weiter und bekommen die gereinigten Stücke nach einigen Tagen wieder zurück.

3 Kundengespräche / Kundenwünsche

**a Lesen Sie gemeinsam mit Ihrer Partnerin / Ihrem Partner die Kundengespräche.
Was ist das Problem? Sprechen Sie.**

Gespräch 1:
Kundin: Oh je!
Schneiderin: Was ist? Stimmt etwas nicht?
Kundin: Ich kriege sie gar nicht mehr zu! Nur wenn ich den Bauch einziehe.
Schneiderin: Ach, das ist nicht so schlimm! Dann versetzen wir den Knopf ein bisschen! Und beim Tragen wird sie auch wieder etwas weiter!

Gespräch 2:
Kundin: Ich habe den Stoff ganz vorsichtig mit der Hand gewaschen. Und jetzt sehen Sie sich das an: zehn Zentimeter kürzer als vorher!
Schneider: Ja, das ist wirklich erstaunlich! Normalerweise passiert das bei Baumwollstoffen nicht so leicht.
Kundin: Und was können wir jetzt machen?
Schneider: Hier ist ja noch genug Saum! Ich lasse Ihnen einfach zehn Zentimeter vom Saum raus, dann ist der Vorhang wieder so lang wie vorher.

Schritte plus im Beruf

Deutsch für Änderungsschneiderinnen und Änderungsschneider

b Welche Änderungswünsche haben Ihre Kunden am häufigsten? Erzählen Sie.

> Ich muss auch oft Jacken oder Kostüme enger machen. Weite Schnitte trägt man ja nicht mehr!

> Die meisten Kunden möchten, dass ich ihnen zu lange Hosen kürze.

c Arbeiten Sie mit Ihrer Partnerin / Ihrem Partner und machen Sie Rollenspiele. Die Redemittel unten helfen Ihnen dabei.

Kundin:
Ihr Rock ist Ihnen zu weit. Könnte man ihn enger machen? Wie?

Kundin:
Ihre Hose ist beim Waschen eingegangen und kürzer geworden. Wie kann man das Problem lösen?

Kunde:
Sie haben in letzter Zeit zu viel gegessen. Jetzt ist Ihre Hose zu eng. Was kann man da machen?

Kunde:
Ihr Kind hat auf Ihr neues, weißes Hemd etwas mit Filzstift gemalt. Geht der Fleck wieder raus?

Natürlich kann man den Rock / das Kleid / die Hose enger / weiter machen.
An dieser Stelle würde ich eine Falte einnähen.
Sehen Sie: Hier könnten wir den Saum herauslassen.
An Ihrer Stelle würde ich den Rock / das Kleid / die Hose auf jeden / keinen Fall kürzer / länger machen.
Wir könnten zum Beispiel diesen Knopf versetzen.
Was halten Sie davon, wenn wir hier etwas Stoff herauslassen?
Der Fleck geht in der chemischen Reinigung wahrscheinlich nicht raus.
Wir können versuchen, den Fleck zu entfernen. Aber garantieren können wir es Ihnen leider nicht.

Schritte plus im Beruf

Deutsch für Änderungsschneiderinnen und Änderungsschneider

4 Kleine Stoffkunde: Um welche Stoffe handelt es sich? Lesen Sie und ergänzen Sie.

> Lurex • Baumwolle • Chiffon • Leinen • Viskose

_____

A Sie ist die am meisten verbreitete pflanzliche Textilfaser. Schon vor 2500 Jahren waren Kleidungsstücke aus diesem Material in China verbreitet. Im 13. Jahrhundert kam das Garn nach Europa. Der Stoff ist unempfindlich und leicht zu reinigen.

_____

B Das Garn enthält neben anderen Fasern einen Metallfaden. Dieser sorgt für einen leichten „Glitzereffekt". Man kann das Material waschen und reinigen. Es ist weich und kratzt nicht auf der Haut.

_____

C Ein sehr feiner, leicht durchsichtiger Stoff. Man stellt ihn aus elastischen Polyesterfasern her. Der Stoff lässt sich leicht pflegen und verliert nach dem Waschen nicht die Form.

_____

D Unter dem Namen „Kunstseide" gibt es sie seit dem 19. Jahrhundert. Sie wird aus dem Naturstoff Zellulose hergestellt. Sie hat einen edlen Glanz, fällt elegant und fließend. Sie liegt angenehm auf der Haut, ist saugfähig und gibt Wärme gut ab.

_____

E Diese Faser besteht aus dem Stiel der Flachspflanze. Flachs ist eine sehr alte Kulturpflanze. In Deutschland hat man sie schon im 12. und 13. Jahrhundert angebaut. Der Stoff ist robust und schmutzabweisend. Er liegt kühl auf der Haut und hat einen leichten Glanz.

a Was passt nicht? Streichen Sie.

Mein weißes Seidenkleid ist sehr empfindlich / robust.

Leinen wird schnell glatt / knittrig.

Nach der Reinigung ist die Hose schmutzig / sauber.

Den Pullover mag ich nicht. Er ist weich / kratzig.

Viskose und Seide sind glänzend / matt.

Diese Bluse aus Chiffon ist fast durchsichtig / undurchsichtig.

b Mit welchen Stoffen arbeiten Sie am liebsten? Sprechen Sie.

Schritte plus im Beruf

Deutsch für die Bibliothek

1 In der Bibliothek

a Sehen Sie das Bild an und ordnen Sie die Wörter zu. Arbeiten Sie auch mit dem Wörterbuch.

der Bildschirm, -e • das Bücherregal, -e • der Bücherwagen, - • die (Computer-)Maus
das Computerterminal, -s (mit Onlinekatalog) • der Drucker, - • der Karteikasten, ¨
der Laptop, -s • die Leihstelle, -n (die (Buch-)Ausgabe und die (Buch-)Rückgabe)
die Karteikarte, -n • das Mikrofichegerät, -e • der Mikrofiche, -s
der Recherchescheinkasten, ¨ • das Stehpult, -e • die Tastatur, -en

Schritte plus im Beruf

Deutsch für die Bibliothek

b Was passt? Ergänzen Sie.

1 An der Leihstelle kann man

2 Auf dem Bücherwagen

3 Im Zettelkastenkatalog, im Mikrofichegerät und im Onlinekatalog

4 In einer Bibliothek hat jedes Buch eine Signatur.

5 Wenn man ein bestimmtes Buch bestellen möchte, sucht man

6 Wenn man das Buch im Katalog nicht findet,

7 Am Computerterminal kann man

8 Mit dem Drucker drucken Bibliothekare Zettel aus. Darauf steht,

A liegen die zurückgegebenen Bücher. Die Bibliothekarin / Der Bibliothekar muss sie wieder ins Bücherregal zurückstellen.

B füllt man einen Rechercheschein aus, wirft ihn in den Kasten und lässt das Buch in anderen Bibliotheken suchen.

C in den Katalogen zuerst nach seiner Signatur.

D Bücher ausleihen, Bücher zurückgeben oder bestellte Bücher abholen.

E bis wann man das Buch behalten darf bzw. wann die Leihfrist zu Ende ist.

F Das ist eine spezielle Nummer, die aus mehreren Buchstaben und Zahlen besteht.

G findet man die Bücher und Medien[1] einer Bibliothek. Das bedeutet: Alle Medien sind dort erfasst.

H den Onlinekatalog aufrufen und dort online Bücher bestellen.

1	2	3	4	5	6	7	8

---

[1] das Medium, die Medien: hier: alle in einer Bibliothek vorkommenden Publikationsformen wie Bücher, Zeitschriften, Zeitungen, Audiotexte, Mikrofiches, DVDs usw.

Schritte plus im Beruf

Deutsch für die Bibliothek

c Am Computerterminal. Ergänzen Sie.

> ablaufen • verlängern • finden • arbeiten • eingeben • vormerken
> ausleihen (hat … ausgeliehen) • bezahlen • behalten • abschicken • bestellen • suchen

In modernen Bibliotheken _____ (1) die Benutzer viel an Computerterminals. Mit Hilfe des Onlinekatalogs kann man zunächst einmal Bücher _____ (2) und bestellen. Das geht ganz einfach in drei Schritten:

Schritt 1: Autor und Name des Buches _____ (3).
Schritt 2: So die Signatur _____ (4).
Schritt 3: Die Signatur in das Bestellformular eingeben und das Buch _____ (5).

Wenn ein anderer Bibliotheksbenutzer das Buch bereits _____ (6), kann man sich online _____ (7) lassen. Das bedeutet, dass man das Buch dann bekommt, wenn es der andere Benutzer zurückgegeben hat.

Jeder Bibliotheksbenutzer kann sich in der Onlinedatenbank auch ein eigenes Benutzerkonto einrichten. Dort kann man sehen, wie viele Bücher man bereits ausgeliehen hat und wann die Leihfristen zu Ende gehen, also _____ (8). Wenn man ein Buch länger _____ (9) möchte, kann man die Leihfrist _____ (10). Wenn man die Leihfrist bereits überschritten hat, muss man eine Mahngebühr _____ (11).

In der Onlinedatenbank kann man Aufträge an die Bibliothek auch bequem per Internet vom eigenen Computer zu Hause _____ (12).

d Arbeiten Sie mit Ihrer Partnerin / Ihrem Partner. Erklären Sie, was sie / er am Computerterminal machen kann. Benutzen Sie dabei die Verben aus c. Tauschen Sie dann die Rollen.

> *Also, hier am Computer kannst du Bücher suchen und auch bestellen. Zuerst musst du … . So … . Dann … .*

Schritte plus im Beruf

Deutsch für die Bibliothek

2 Suchen Sie die Informationen und ergänzen Sie das Bestellformular.

Autoren: Susanne Kalender, Barbara Gottstein-Schramm, Franz Specht

Das Werk und seine Teile sind urheberrechtlich geschützt. Jede Verwertung in anderen als den gesetzlich zugelassenen Fällen bedarf deshalb der vorherigen schriftlichen Einwilligung des Verlags.

       2.   1.
2013 2012 2011 2010 Alle Drucke dieser Auflage können, da unverändert, nebeneinander benutzt werden.

1. Auflage
© 2009 Hueber Verlag, 85737 Ismaning, Deutschland
ISBN: 978-3-19-301911-0

Autor/en: _____
Titel: _____
Jahr: _____
Ort: _____
Signatur: _____
ISBN/ISSN: _____

Grammatik
Sprachen:
Deutsch als Fremdsprache
GR - 1704

3 Hinweise für Bibliotheksbenutzer: Was bedeuten die Wörter? Ordnen Sie zu.

die Ausleihfrist, -en	Man muss etwas bezahlen.
die Gebühr, -en	Wenn man ein Buch oder ein anderes Medium zu spät zurückgibt, muss man etwas bezahlen.
die Mahngebühr	So lange kann man ein Buch ausleihen, zum Beispiel eine Woche oder vier Wochen.
die Säumnisgebühr	Manchmal muss man ein Buch aus einer anderen Bibliothek bestellen.
die Fernleihe	Wenn man ein Buch oder ein anderes Medium nicht rechtzeitig zurückgibt, bekommt man einen Brief von der Bibliothek. Das ist eine Mahnung und für diese Mahnung muss man etwas bezahlen.

Schritte plus im Beruf

Deutsch für die Bibliothek

a Lesen Sie die Hinweise für Bibliotheksbenutzer und kreuzen Sie an: richtig oder falsch?

So nutzen Sie die Stadtbibliothek

Anmeldung und Bibliotheksausweis
Die Stadtbibliothek steht jedem offen. Zur Anmeldung brauchen wir nur Ihren gültigen Personalausweis. Kinder und Jugendliche unter 16 Jahren benötigen auf dem Anmeldeformular zusätzlich die Unterschrift eines Erziehungsberechtigten. Nach der Anmeldung bekommen Sie einen Bibliotheksausweis, mit dem Sie die Medien ausleihen können.

Gebühren
Die Benutzung der Stadtbibliothek ist kostenpflichtig. Folgende Gebühren fallen an:

Jahresgebühr		*Fernleihbestellung*	
Kinder und Jugendliche	kostenfrei	pro geliefertes Medium:	3,00 €
ab 18 Jahren:	12,00 €		
ermäßigt:	6,00 €	*Internetarbeitsplätze*	
(Schüler, Studenten, Auszubildende		Ausdruck pro DIN A 4-Blatt:	0,10 €
Rentner, Schwerbehinderte,		*Säumnisgebühren*	
Arbeitslose, Sozialhilfeempfänger)		pro DVD und jeden begonnenen Tag	1,00 €
Ausleihgebühren (zusätzlich zur Jahresgebühr)		nach Fristablauf:	
pro DVD:	1,00 €	übrige Medien pro Tag und Medium:	0,10 €
Ersatzausweis	2,50 €	*Mahngebühren*	
		1. Mahnung:	1,50 €
Vorbestellgebühr		2. Mahnung:	3,00 €
pro Medium:	1,00 €	3. Mahnung:	3,00 €

Ausleihfristen
Bücher, Zeitschriften, CD-ROMs, CDs, MCs, Spiele: 4 Wochen
DVDs, Videos: 1 Woche

Verlängerung
Die Ausleihfrist für Bücher kann man persönlich, telefonisch oder per Internet einmal um vier Wochen verlängern. Für alle anderen Medien kann man die Ausleihfrist nicht verlängern.

Fernleihe
Medien, die in der Stadtbibliothek nicht vorhanden sind, können per Fernleihe aus anderen Bibliotheken bestellt werden. Eine Fernleihbestellung dauert in der Regel zwei bis sechs Wochen und kostet 3 €.

Internet
Das Internet können alle Personen ab 12 Jahren nutzen, wenn sie sich vorher an der Information angemeldet haben. Jugendliche unter 16 Jahren brauchen eine schriftliche Einverständniserklärung eines Erziehungsberechtigten. Die Nutzung der Internetarbeitsplätze ist kostenlos. Man darf sie 1 Stunde pro Tag nutzen.

Öffnungszeiten
Montag	11 bis 13.30 und 14.30 bis 18 Uhr
Dienstag	geschlossen
Mittwoch - Freitag	11 bis 13.30 und 14.30 bis 18 Uhr
1. und 3. Samstag im Monat	10 bis 13 Uhr

Weitere Informationen
Internet: www.stadtbibliothek-liebenhagen.de E-Mail: stadtbibliothek@liebenhagen.de
Telefon: 03452 – 56 39 42 Fax: 03452 – 56 39 43

Schritte plus im Beruf

Deutsch für die Bibliothek

	richtig	falsch
A Bei Kindern und Jugendlichen müssen auch die Eltern (oder Erziehungsberechtigten) die Anmeldung für die Stadtbibliothek unterschreiben.	☐	☐
B Manche Leute müssen nicht die volle Jahresgebühr für die Benutzung der Bibliothek bezahlen.	☐	☐
C Man kann alle Medien kostenlos ausleihen.	☐	☐
D Wenn man seinen Bibliotheksausweis verliert, bekommt man einen neuen. Das kostet nichts.	☐	☐
E In der Bibliothek kann man auch am Computer arbeiten.	☐	☐
F DVDs und Videos kann man mit Verlängerung einen Monat lang ausleihen.	☐	☐
G DVDs sollte man rechtzeitig zurückgeben. Wenn man es nicht tut, kann es sehr teuer werden.	☐	☐
H Die Bibliothek hat jeden Samstag geöffnet.	☐	☐

b Suchen Sie die Antworten auf die Fragen aus den Hinweisen für Bibliotheksbenutzer. Machen Sie dann mit Ihrer Partnerin / Ihrem Partner Rollenspiele. Die Redemittel helfen Ihnen dabei.

Sie wissen nicht, wie lange man eine DVD ausleihen kann.

Fragen Sie nach, ob Sie einen ermäßigten Bibliotheksausweis bekommen können.

Sie verstehen das Wort *Säumnisgebühr* nicht.

Sie möchten ein Buch verlängern. Fragen Sie nach, wie Sie das machen können.

Entschuldigung, ich habe eine Frage: …? • Könnten Sie mir bitte noch einmal erklären, was … ist? Entschuldigen Sie, aber ich habe nicht ganz verstanden, wie …?

Schritte plus im Beruf

Deutsch für die Bibliothek

4 Wo suchen Sie das am besten? Kreuzen Sie an.

a Sie brauchen eine deutsche Grammatik.
☐ Fremdsprachige Texte   ☐ Sprachen   ☐ Bilderbücher

b Sie suchen nach Freizeitangeboten für Senioren.
☐ Ausbildung, Beruf und Karriere   ☐ Spiele   ☐ Leben im Alter

c Sie haben kleine Kinder und suchen einen Ratgeber zu Erziehungsfragen.
☐ Philosophie   ☐ Pädagogik   ☐ Psychologie

d Sie interessieren sich für das Leben von Ludwig van Beethoven.
☐ Kunst   ☐ Biographien   ☐ Historisches

e Sie möchten sich über die Qualität von Babynahrung informieren.
☐ Frau und Gesellschaft   ☐ Verbraucherinfo   ☐ Medizin

f Sie planen einen gemütlichen Fernsehabend und möchten einen deutschsprachigen Film ausleihen.
☐ Sprachkurse   ☐ Video und DVD   ☐ Musik, Theater, Film

g Sie brauchen Informationen zur Stadt Hannover.
☐ Allgemeines, Nachschlagewerke   ☐ Landwirtschaft   ☐ Naturwissenschaft

h Sie wollen mehr über das politische System der Schweiz wissen.
☐ Heimatkunde   ☐ Völkerkunde   ☐ Gesellschaft, Staat, Politik

Schritte plus im Beruf

Deutsch für das Büro (Sprechen)

1 Im Büro

a Sehen Sie das Bild an und ordnen Sie die Wörter zu. Arbeiten Sie auch mit dem Wörterbuch.

---

der Bildschirm, -e • der Notizblock, ⸚e • der Aktenordner, - • die (Computer-)Maus, ⸚e
der Ablagekorb, ⸚e • der Kalender, - • die Tastatur, -en • der Lautsprecher, - • der Drucker, -
der Taschenrechner, - • der Papierkorb, ⸚e • die Kaffeemaschine, -n • das Telefon, -e
der Schreibtisch, -e • das Headset, -s • die Schreibtischlampe, -n • das Mauspad, -s
die CD, -s • die Schublade, -n • der Drehstuhl, ⸚e • der Aktenschrank, ⸚e

---

- 22 -

Schritte plus im Beruf

Deutsch für das Büro (Sprechen)

b Was passt? Ordnen Sie zu. Machen Sie dann Sätze.

der Aktenordner	einen Text tippen
die Tastatur	Papiere einordnen und abheften
der Drucker	Termine eintragen
der Papierkorb	Notizen machen
die CD	Dateien speichern
das Headset	ein Symbol anklicken
die Maus	Dokumente sortieren und für kurze Zeit ablegen
der Ablagekorb	telefonieren und die Hände frei haben
der Kalender	Texte ausdrucken
der Notizblock	Papier wegwerfen

(der Aktenordner → Papiere einordnen und abheften)

Wenn man telefonieren und gleichzeitig etwas schreiben möchte, benutzt man ein Headset.

Mit der Maus klickt man Symbole auf dem Bildschirm an.

c Was für ein Text ist das? Lesen Sie und ergänzen Sie.

☐ Eine Bestellung.
☐ Ein Vertrag.
☐ Eine Rechnung.
☐ Eine Mahnung.

1 Für erbrachte Leistung erlaube ich mir zu berechnen:

2 Arbeitsstunden à 40 €:	80,00 €
Materialkosten:	43,35 €
Gesamtbetrag:	123,35 €

Ich bitte Sie, den Betrag innerhalb von vier Wochen auf das oben genannte Konto zu überweisen.

2 Sicher haben Sie übersehen, dass die Rechnung Nummer 5467 vom 06.07. noch nicht beglichen ist. Wir bitten Sie, den noch offenen Betrag bis spätestens 1.11. dieses Jahres auf unten genanntes Konto zu überweisen.

3 Grundlage des Vertrags ist das Angebot vom 16.09. Die Abrechnung erfolgt nach der tatsächlichen Leistung. Die vereinbarten Preise sind Festpreise.

4 Hiermit bitten wir Sie um Zusendung einer Druckerpatrone AZ 179. Vielen Dank.

Schritte plus im Beruf

Deutsch für das Büro (Sprechen)

2 Wo arbeiten Sie? Was machen Sie? Erzählen Sie. Die Redemittel helfen Ihnen dabei.

> Ich arbeite in der ...-Branche.
> Meine Firma heißt ... . Sie hat ungefähr ... Mitarbeiter.
> Dort arbeite ich in der ... -Abteilung.
> In meinem Büro gibt es ... .
> Ich muss telefonieren / Briefe schreiben / Termine für ... vereinbaren.
> Ich arbeite viel am Telefon / am Computer / allein / im Team / mit Kunden / ... .
> Meine Arbeitszeiten sind von ... bis ... Uhr.

3 Was sagt man wann am Telefon? Ordnen Sie die Sätze in die passende Spalte.

> Einen kleinen Moment, bitte. Ich verbinde Sie. • Tut mir leid. Bei Frau / Herrn ... ist gerade besetzt. Darf ich Ihnen ihre / seine Durchwahl geben? • Hören Sie? Frau / Herr ... ist leider im Moment nicht an ihrem / seinem Platz. Kann sie / er Sie zurückrufen? • Guten Tag, mein Name ist .... Was kann ich für Sie tun? • Einen Augenblick. Ich stelle Sie durch. • Tut mir leid. Frau / Herr ... ist gerade außer Haus. Kann ich ihr / ihm etwas ausrichten? • Guten Tag, Sie sprechen mit .... Wie kann ich Ihnen helfen? • Tut mir leid. Frau / Herr ... ist leider im Moment nicht zu sprechen. Möchten Sie ihr / ihm eine Nachricht hinterlassen?

Sie melden sich und fragen höflich nach, was der Anrufer möchte.	Der Anrufer möchte nicht mit Ihnen sprechen. Sie leiten den Anruf weiter.	Der Anrufer kann seinen Gesprächspartner nicht sprechen. Sie bieten ihm Ihre Hilfe an.

— 24 —

Schritte plus im Beruf

Deutsch für das Büro (Sprechen)

a Ordnen Sie das Gespräch. Lesen Sie das Gespräch dann mit Ihrer Partnerin / Ihrem Partner.

- ☐ Tut mir leid, Herr Schober. Frau Seibert ist heute bis 12 Uhr außer Haus. Kann Frau Seibert Sie denn vielleicht so gegen 13 Uhr zurückrufen?
- ☐ Ja, gern. Das wäre nett. Meine Nummer hat sie ja.
- ☐ Danke gleichfalls, Herr Schober. Auf Wiederhören.
- ☐ Frau Reitmeier, guten Tag. Schober hier am Apparat. Ich hätte gern mit Frau Seibert gesprochen.
- ☐ 1 Münchner Immobilien, guten Tag. Sie sprechen mit Frau Reitmeier. Wie kann ich Ihnen helfen?
- ☐ Vielen Dank, Frau Reitmeier. Auf Wiederhören.
- ☐ Aber sicher. Ich richte Frau Seibert aus, dass sie Sie zurückrufen soll.

b Lesen Sie das Gespräch und ergänzen Sie.

+ Contex Media, guten Tag. Mein Name ist Andrea Konrad. _____?

♦ Wolfgang Meierhöfer. Guten Tag. Ich würde gern mit Herrn Schonert sprechen.

+ Natürlich. Einen Moment, bitte. Ich _____. (kurze Pause) Herr Meierhöfer? Bei Herrn Schonert _____. _____?

♦ Nein danke. Ich möchte Herrn Schonert gern persönlich sprechen.

+ _____?

♦ Gern. Einen Moment, die notiere ich gleich ...

+ Sind Sie bereit? Sie erreichen Herrn Schonert unter der Nummer 382.

♦ 382 ... In Ordnung, danke. Dann versuche ich es später noch einmal. Auf Wiederhören.

+ _____, Herr Meierhöfer.

c Arbeiten Sie mit einer Partnerin / einem Partner. Spielen Sie die Telefongespräche.

| A Sie möchten Herrn Hilber von der Firma BA sprechen. Persönlich. | B Sie arbeiten im Team von Herrn Hilber. Herr Hilber ist heute nicht im Büro. |

| A Sie möchten Ihren Termin mit Frau Hanke absagen. Hinterlassen Sie eine Nachricht. | B Ihre Kollegin Frau Hanke hat einen Tag Urlaub genommen. Sie übernehmen ihr Telefon. |

Schritte plus im Beruf

Deutsch für das Büro (Schreiben)

1 Im Büro

a Sehen Sie das Bild an und ordnen Sie die Wörter zu. Arbeiten Sie auch mit dem Wörterbuch.

---

die Büroklammer, -n • der Bleistift, -e • der Briefumschlag, ⸚e • der Filzstift, -e
der Haftnotizblock, ⸚e • der Hefter, - • die Heftklammer, -n • der Klebestift, -e
die Korrekturflüssigkeit • der Kugelschreiber, - • das Lineal, -e • der Locher, -
der Ordner, - • das (Brief-)Papier • der Radiergummi, -s • die Schere, -n
die Sichtschutzhülle, -n • der Spitzer, - • der Stempel, - • das Stempelkissen, -
der Textmarker, - • der Tesafilm • die Visitenkarte, -n • das Wörterbuch, ⸚er

Schritte plus im Beruf

Deutsch für das Büro (Schreiben)

b Was passt? Ergänzen Sie.

| kleben • lochen • markieren • nachschlagen • abschneiden • spitzen |
| wegradieren • zusammenheften • unterstreichen |

- ● Entschuldigen Sie, haben Sie einen Textmarker? Ich würde gerne die wichtigen Wörter im Text _____.
- ■ Ach, wie schreibt man das jetzt noch einmal ...? Kannst du mir bitte das Wörterbuch geben, ich muss mal ein Wort _____.
- ▼ Oh, nein, falsch ...! Na, ja zum Glück habe ich es ja mit Bleistift geschrieben und kann den Fehler leicht _____.
- ● Oje, mit den Buntstiften kannst du nicht mehr gut malen, die musst du erst einmal _____.
- ▼ Bitte _____ Sie den unteren Teil des Formulars mit der Schere _____!
- ● Wenn man sich etwas merken muss, sollte man einen Zettel vom Haftnotizblock nehmen, die Information notieren und den Zettel an den Bildschirm _____.
- ▼ Könnten Sie die Papiere bitte _____ und dann in den Ordner tun? Vielen Dank.
- ■ Einzelne Blätter sollte man am besten mit Büroklammern oder dem Hefter _____.
- ▼ Haben Sie ein Lineal? Ich würde gerne ein paar wichtige Informationen _____.

2 Der Geschäftsbrief: Was bedeuten die Wörter und Wendungen? Ordnen Sie zu.

A *Im Auftrag von Frau Hanke* schicke ich Ihnen ...

B Bitte füllen Sie das *beiliegende* Formular aus.

C Senden Sie das Formular *unterschrieben* an uns zurück.

D *Für weitere Fragen stehen wir Ihnen zur Verfügung.*

E *i.V.* (= in Vertretung, in Vollmacht)

[E] Eine Person schreibt und unterschreibt den Brief für eine andere Person.

[ ] Frau Hanke hat mir gesagt, ich soll ...

[ ] Wenn Sie Fragen haben, beantworten wir diese gerne.

[ ] In diesem Brief gibt es ein Formular zum Ausfüllen.

[ ] Unterschreiben Sie das Formular und schicken Sie es zurück.

Schritte plus im Beruf

Deutsch für das Büro (Schreiben)

a Überfliegen Sie den Brief und ergänzen Sie.

> die Grußformel • der Adressat • der Text • die Anlagen • die Unterschrift
> die Anrede • die Betreffzeile • der Absender • ~~die Bezugszeichenzeile~~

BA Versicherungen
Lindenallee 5
60783 Frankfurt

Herrn
Anton Schauer
Weilheimer Str. 26
81234 Starnberg

die Bezugszeichenzeile

Ihr Zeichen, Ihre Nachricht vom	Unser Zeichen, unsere Nachricht vom	Telefon, Name	Datum
	cz	069/ 459821-560 Anna Czech	4.2.20..

Ihre Unterlagen zur Haftpflichtversicherung

Sehr geehrter Herr Schauer,

im Auftrag von Frau Hanke sende ich Ihnen heute die Unterlagen zu Ihrer Haftpflichtversicherung zu. Bitte füllen Sie das beiliegende Formular aus und senden Sie es unterschrieben an uns zurück.

Für weitere Fragen stehen wir Ihnen gerne zur Verfügung.

Mit freundlichen Grüßen

BA Versicherungen
i.V.
Anna Czech

Unterlagen zur Haftpflichtversicherung
Formular

b Lesen Sie den Brief und antworten Sie.

Wo arbeitet Frau Czech?
Was schickt sie Herrn Schauer?
Was soll Herr Schauer machen?
Wer ist wohl Frau Hanke?
Herr Schauer hat noch Fragen. Wie erreicht er Frau Czech am besten?

Schritte plus im Beruf

Deutsch für das Büro (Schreiben)

3 Die Sätze a-d finden Sie mit anderen Worten in der E-Mail wieder. In welcher Zeile?
Lesen Sie und ordnen Sie zu.

a Das Restaurant soll Frau Klein einen Prospekt schicken und ihr mitteilen, Zeile ☐
   wie viel ein Essen für 50 Personen kosten würde.

b Wenn jemand vom Restaurant Sonne Fragen an Frau Klein hat, kann er sie anrufen Zeile ☐
   oder ihr eine E-Mail schreiben.

c Die Firma Spiel & Buch GmbH plant für ihre Mitarbeiter eine Weihnachtsfeier. Zeile ☐

d Die Firma Spiel & Buch kennt das Restaurant Sonne, weil eine Mitarbeiterin Zeile ☐
   schon einmal davon erzählt hat. Dieser Mitarbeiterin hat es dort gut gefallen.

An: essen@hotel_restaurant_sonne.com
Cc:
Betreff: Anfrage wg. Weihnachtsessen
Anlagen: keine

1 Sehr geehrte Damen und Herren,

2 durch eine Empfehlung einer Mitarbeiterin von uns sind wir auf Ihr Restaurant aufmerksam geworden.

3 Da wir im Dezember unsere 50 Mitarbeiterinnen und Mitarbeiter zu einem Weihnachtsessen einladen
4 möchten, hätten wir gerne weitere Informationen über Ihr Haus.

5 Für die Zusendung eines Prospekts und ggf. auch eines Angebots wären wir Ihnen deshalb dankbar.

6 Bei Rückfragen erreichen Sie mich unter der unten angegebenen Telefonnummer oder per E-Mail.

7 Mit freundlichen Grüßen

8 Spiel & Buch GmbH
9 Irina Klein

10 Spiel & Buch GmbH
11 Am Hauptmarkt 7
12 96012 Bamberg

13 Tel.: +49 0951 123 33 312
14 Fax: +49 0951 123 33 310
15 E-Mail: irina.klein@spielbuch.net

Schritte plus im Beruf

Deutsch für das Büro (Schreiben)

**4 Lesen Sie die Situationen und schreiben Sie einen Brief und eine E-Mail.
Die Redemittel unten helfen Ihnen dabei.**

> Sie arbeiten bei einem Sportverein. Schicken Sie einem neuen Mitglied eine Anmeldebestätigung und eine Kopie davon zu. Das neue Mitglied muss die Anmeldebestätigung unterschreiben und zurückschicken.

> Ihre Chefin plant eine Dienstreise. Sie sollen für sie ein Hotel suchen. Ihre Kollegin hat Ihnen ein Hotel genannt, Sie möchten aber mehr Informationen darüber.

Sehr geehrte Frau ..., / Sehr geehrter Herr ..., / Sehr geehrte Damen und Herren,

im Auftrag von ... sende ich Ihnen ... zu.
mit diesem Schreiben schicke ich Ihnen ... .
Als Anlage / Beiliegend erhalten / bekommen Sie außerdem ... .
Bitte senden Sie den / das / die ... (unterschrieben) an die angegebene Adresse zurück.
Für die Zusendung der ... wäre ich Ihnen dankbar.
Für weitere Fragen stehe ich Ihnen gerne zur Verfügung.
Bei Rückfragen erreichen Sie mich telefonisch unter ... oder per E-Mail.
Mit freundlichen Grüßen

Schritte plus im Beruf

Deutsch für Friseurinnen und Friseure

1 Im Friseursalon

a Sehen Sie das Bild an und ordnen Sie die Wörter zu. Arbeiten Sie auch mit dem Wörterbuch.

die Haarbürste, -n • der Kamm, ⸚e • die Schere, -n • die Trockenhaube, -n • der Föhn, -e
die Zeitschrift, -en mit Frisurenvorschlägen • das Haarshampoo, -s / das Haarpflegemittel, -
das Waschbecken, - • die Handdusche, -n • das Handtuch, ⸚er • der Frisierumhang, ⸚e
der Frisierspiegel, - • der verstellbare Frisierstuhl, ⸚e • die Steckdose, -n

b Lesen Sie das Schild auf dem Bild oben. Was ist richtig? Kreuzen Sie an.   **richtig**

   1 Das ist ein Damenfriseur. Männer müssen leider draußen bleiben.   ☐

   2 Sie wollen Strähnchen haben oder blond werden? Dann sind Sie hier richtig.   ☐

   3 Sie heiraten? Wir machen Sie für Ihre Hochzeit schön.   ☐

   4 Dauerwellen? Das dauert zu lange! Leider müssen Sie einen anderen Friseur suchen. ☐

Schritte plus im Beruf

Deutsch für Friseurinnen und Friseure

2 Als Friseurin / Friseur arbeiten

a Was macht die Friseurin / der Friseur zuerst? Ergänzen Sie.

- ☐ die Haare waschen
- ☐ mit der Kundin / dem Kunden über den Haarschnitt sprechen
- ☐ die Haare föhnen
- ☐ die Haare ausspülen
- ☐ die Haare kämmen / bürsten
- ☐ die Haare schneiden
- ☐ die Haare mit dem Handtuch trocknen
- [1] der Kundin / dem Kunden einen Platz anbieten

b Wer sagt das? Die Friseurin / Der Friseur (F) oder die Kundin / der Kunde (K)?

- Nein, die Temperatur ist gerade richtig so. ( )
- Möchten Sie etwas zu trinken? Ein Glas Wasser vielleicht oder eine Tasse Kaffee? ( )
- Das freut mich. Würden Sie dann bitte gleich zum Waschbecken mitkommen? ( )
- Oh ja, gerne, das wäre nett. Eine Tasse Kaffee, bitte. Mit Milch und Zucker. ( )
- Zum Waschbecken? Ja, natürlich, gerne. ( )
- So. Ich gebe Ihnen noch eine Pflegespülung auf das Haar und dann können Sie wieder an Ihren Platz gehen. ( )
- So, bitte, Ihr Kaffee. Was machen wir denn mit Ihren Haaren? ( )
- Ist das Wasser zu kalt? ( )
- Danke sehr. (K)
- Guten Tag, Frau Bekesi. Sie dürfen hier Platz nehmen. (F)
- Ach, bitte nur nachschneiden. Der Schnitt gefällt mir nämlich sehr gut. ( )

Schritte plus im Beruf

Deutsch für Friseurinnen und Friseure

c Ordnen Sie das Gespräch aus b.

Friseurin / Friseur: Kundin / Kunde:

_____   _____
_____   _____
_____   _____
_____   _____
_____   _____
_____   _____
_____   _____
_____   _____
_____   _____
_____   _____

3 Haare und Frisuren

a Ordnen Sie zu.

1 Seine Haare sind lockig. / Er hat Locken.

2 Sie hat Zöpfe.

3 Seine Haare sind gestuft.

4 Sie hat einen Pferdeschwanz.

5 Er hat den Scheitel links.

6 Sie hat glatte Haare und Fransen / einen Pony.

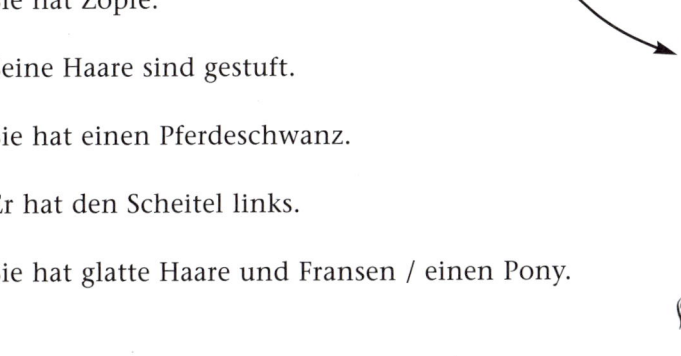

b Wie sehen Ihre Haare aus? Beschreiben Sie.

Schritte plus im Beruf

Deutsch für Handling-Personal / Lader am Flughafen

1 Das Flugzeug in Abfertigungsposition

a Sehen Sie das Bild an und ordnen Sie die Wörter zu. Arbeiten Sie auch mit dem Wörterbuch.

> der Bremsklotz, ⸚e • das Cockpit, -s • der Container, - • das Fahrwerk, -e
> die Fluggastbrücke, -n (der Finger, -) • das Flugzeug, -e • der Gepäckförderbandwagen, -
> das Gepäckstück, -e • der Gepäckwagen, - (mit Anhängern) • der Highlifter, - • der Koffer, -
> die Ladeluke, -n • die Leiter, -n • der Pylon, -e • die Tragfläche, -n (der Flügel, -),
> das Triebwerk, -e • der Rofan, -s • der Rumpf, ⸚e • der Flugzeugschlepper, - (der Pusher, -)
> das Vorfeld, -er (das Abfertigungsfeld, -er)

Schritte plus im Beruf

Deutsch für Handling-Personal / Lader am Flughafen

b Arbeiten Sie mit dem Bild und sprechen Sie: Wo ist was? Variieren Sie.

▲ Wo sind die Bremsklötze?
● Die Bremsklötze sind vor dem Fahrwerk.

▲ Wo steht der Highlifter?
● Der Highlifter steht am Flugzeug.

das Gepäck (Sg.) – auf dem Gepäckförderband

die Container – im Rumpf

die Fluggastbrücke (Sg.) – hinter dem Flugzeug

die Pylone (Pl.) – zwischen dem Highlifter und dem Fahrwerk

die Leiter – neben dem Flugzeug

der Flugzeugschlepper – vor dem Flugzeug

c Was passt? Ordnen Sie zu.

Über die Fluggastbrücke können die Passagiere → das Flugzeug schnell beladen oder entladen.

Mit dem Gepäckwagen fährt man — einsteigen und aussteigen.

Mit dem Gepäckförderbandwagen und dem Highlifter kann man — die Bremsklötze wegnehmen.

Die Leiter braucht man, wenn man — über das Vorfeld schleppen.

Mit dem Rofan fährt man — die Gepäckstücke zum Flugzeug.

Der Flugzeugschlepper kann das Flugzeug — die Ladeluke öffnen oder schließen muss.

Wenn das Flugzeug zum Abflug bereit ist, muss man — die Container ans Flugzeug.

2 Was muss man vor dem Abflug und nach der Landung machen? Ergänzen Sie. Sprechen Sie dann.

anbringen • beladen • ~~bringen~~ • entladen • fahren • holen • legen • sortieren

Vor dem Abflug:
- die Gepäckstücke vom Gepäckband _____
- die Gepäckstücke nach Flug- und Flughafencodes _____
- die Gepäckstücke zum Flugzeug _*bringen*_
- das Förderband an die Ladeluke des Flugzeuges _____
- das Flugzeug mit dem Gepäck und den Containern _____

Nach der Landung:
- das Flugzeug schnell _____
- die Gepäckstücke zur Gepäckausgabe _____
- die Gepäckstücke vorsichtig aufs Gepäckband _____

Zuerst muss man die Gepäckstücke vom Gepäckband holen. Dann muss man die Gepäckstücke nach Flug- und Flughafencodes ... .

– 35 –

Schritte plus im Beruf

Deutsch für Handling-Personal / Lader am Flughafen

3 Zu seiner Sicherheit muss das Personal auf dem Abfertigungsfeld bestimmte Kleidungsstücke tragen. Welche und warum? Sprechen Sie.

(der) Gehörschutz • feste Sicherheitsschuhe (Pl.) • (die) Warnweste • Sicherheitshandschuhe (Pl.)

4 Welcher Code gehört zu welchem Flughafen? Ordnen Sie zu.

a	FRA	Paris-Charles de Gaulle
b	NRT	Amsterdam
c	ORD	Frankfurt/Main
d	HKG	London-Heathrow
e	CDG	Wien
f	BKK	Atlanta
g	ATL	Tokio-Narita
h	VIE	Madrid
i	MAD	Peking
j	LHR	Zürich
k	AMS	Bangkok
l	PEK	Chicago-O'Hare
m	ZRH	Hongkong
n	_____	_____

a Welchen Code hat „Ihr" Flughafen? Ergänzen Sie die Tabelle.

b In welchem Land liegen die Städte aus 4? Sprechen Sie.

die Niederlande (Pl.) • China • Österreich • Spanien • England • die USA (Pl.) • Frankreich • Thailand • Japan • Deutschland • die Schweiz

▼ Wo liegt Amsterdam?
● Amsterdam liegt in den Niederlanden.

– 36 –

Schritte plus im Beruf

Deutsch für Handling-Personal / Lader am Flughafen

5 Lesen Sie die Notiz für den Rollstuhlservice von Air Berlin (AB) in MÜNCHEN (MUC) und kreuzen Sie an: Was ist richtig?

HANDLING **AIR BERLIN** **MÜNCHEN**			*ROLLSTUHLSERVICE*
ROLLSTUHLART WCH C	FLUGNUMMER AB9235	KENNZEICHEN DAGEB	AN: 15:00 AB:
ARBEITER A. Martinez	SERVICEBEGINN 15:15	SERVICEENDE 15:30	SUPERVISER J. Risso
DATUM: 17.07.	BEMERKUNGEN: Mr. Johnson		
MUC-018/H			

		richtig
a	Der Fluggast fliegt mit dem Flug AB 9235.	☐
b	Die Maschine ist um halb vier gelandet.	☐
c	Herr Martinez muss den Fluggast um Viertel nach drei abholen.	☐
d	Der Rollstuhlservice dauert eine halbe Stunde.	☐
e	Der Passagier im Rollstuhl heißt Johnson.	☐

Schritte plus im Beruf

Deutsch für Kellnerinnen und Kellner

1 Im Restaurant

a Sehen Sie das Bild an und ordnen Sie die Wörter zu. Arbeiten Sie auch mit dem Wörterbuch.

die Tischdecke, -n • der flache Teller, - • die Serviette, -n • das Fischbesteck, -e
der Zahnstocher, - • der Essig / das Öl • die Speisekarte, -n • das Ketchup
der Zucker • der Brotkorb, ⸚e • der Salzstreuer / Pfefferstreuer, - • der Dessertlöffel, -
das Weinglas, ⸚er • das Wasserglas, ⸚er • der Suppenteller, - • das Messer, -
die Gabel, -n • der Löffel, - • das Bierglas, ⸚er • die Tasse, -n • die Untertasse, -n
die Garderobe, -n • der Aschenbecher, - • der Schirmständer, -

b Lesen Sie die Tageskarte. Was ist richtig? Kreuzen Sie an.   **richtig**

1 Auf der Tageskarte steht nur eine kalte Vorspeise. ☐

2 Als Hauptspeise kann man zwischen zwei Fleischgerichten und einem
Fischgericht wählen. ☐

3 Zu den Hauptspeisen gibt es verschiedene Beilagen. ☐

4 Zum Kuchen gibt es Vanillesoße. ☐

– 38 –

Schritte plus im Beruf

Deutsch für Kellnerinnen und Kellner

2 Als Kellnerin / Kellner arbeiten

a Was passt zusammen? Ordnen Sie die Sätze 1-10 zu.

- [4] die Gäste begrüßen und ihnen einen Tisch anbieten
- [ ] dem Gast / den Gästen die Jacken / die Mäntel abnehmen
- [ ] dem Gast / den Gästen die Speisekarte geben / ein Gericht empfehlen
- [ ] die Bestellung aufnehmen
- [ ] die Getränke bringen und einschenken
- [ ] das Essen servieren
- [ ] den Gast / die Gäste fragen: Schmeckt das Essen? / Hat das Essen geschmeckt?
- [ ] den Tisch abräumen
- [ ] die Rechnung bringen und abkassieren
- [ ] sich bedanken und verabschieden

1 So, Ihr Schnitzel. Vorsicht, der Teller ist heiß! Und die Forelle. Guten Appetit!

2 Zahlen Sie zusammen oder getrennt? Zusammen? Das macht dann genau 27 Euro, bitte.

3 Sie haben schon gewählt? Was darf es denn sein?

4 Guten Tag. Einen Tisch für zwei Personen? Möchten Sie vielleicht dort am Fenster sitzen?

5 Kann ich den Teller schon mitnehmen?

6 Vielen Dank. Einen schönen Tag und auf Wiedersehen.

7 War alles recht so?

8 Bitte sehr. Als Tagesgericht kann ich Ihnen heute besonders die Forelle empfehlen.

9 Darf ich Ihre Jacke an der Garderobe aufhängen?

10 Einmal das Mineralwasser. Und ein Glas Weißwein. Zum Wohl!

Schritte plus im Beruf

Deutsch für Kellnerinnen und Kellner

b Ergänzen Sie das Gespräch.

▲ Guten Tag. Möchten Sie vielleicht dort am Fenster _____?

● Gern. Vielen Dank.

▲ Darf ich Ihnen _____?

● Nein, danke. Ich behalte meine Jacke lieber an.

▲ Wie Sie möchten. Hier ist unsere _____.
Ich kann Ihnen heute besonders das Pfeffersteak _____.

● Das klingt gut. Ich nehme das Pfeffersteak, dazu einen Tomatensalat und ein Glas Rotwein, bitte.

▲ _____.
(Sie bringen den Wein.)

▲ So, _____.
(Sie bringen den Tomatensalat und das Pfeffersteak.)

▲ _____?
(Sie fragen, ob es geschmeckt hat und räumen den Tisch ab.)

● Ja, danke, es war sehr gut. Den Teller können Sie gerne mitnehmen, ich bin fertig. Ich möchte dann auch gleich zahlen, bitte.

▲ _____.
(Sie bringen die Rechnung und kassieren ab.)

● Bitte. Stimmt so, der Rest ist für Sie.

▲ _____.
(Sie bedanken sich und verabschieden sich.)

● Auf Wiedersehen.

Schritte plus im Beruf

Deutsch für Kellnerinnen und Kellner

c Bitten und Beschwerden. Was sagen Sie? Ordnen Sie zu.

Gast:

1 Entschuldigen Sie, aber das Fleisch ist zu zäh!

2 Wann kommt unser Essen denn endlich? Wir warten schon eine halbe Stunde!

3 Sagen Sie: Könnte ich denn statt der Kartoffeln Reis bekommen?

4 Entschuldigung! Die Suppe ist kalt!

5 Entschuldigen Sie, die Rechnung stimmt nicht.

Kellnerin / Kellner:

Aber gerne. Möchten Sie Basmatireis oder unseren Gemüsereis?

Das tut mir leid. Wir machen sie Ihnen noch einmal warm. Einen Augenblick, bitte.

Tatsächlich? Oje, Sie haben recht. Das war ein Versehen. Bitte entschuldigen Sie vielmals!

Das tut mir leid. Darf ich Ihnen vielleicht ein anderes Gericht bringen?

Entschuldigen Sie. Ihr Essen kommt sofort. Darf ich Ihnen solange etwas zu trinken bringen?

3 Gerichte und Getränke.

a Streichen Sie. Was ist nicht ...?

süß	Zucker, Vanilleeis, Obstsalat, Honig, Kartoffelklöße
bitter	Espresso, dunkle Schokolade, Bier, Bratwurst, Tee
scharf	Pfannkuchen, Peperoni, Pfeffer, Senf, Soße
sauer	Essiggurke, Zitrone, Milch, Wiener Schnitzel, Rhabarberkuchen

b Ergänzen Sie die passenden Adjektive. Was kann ... sein?

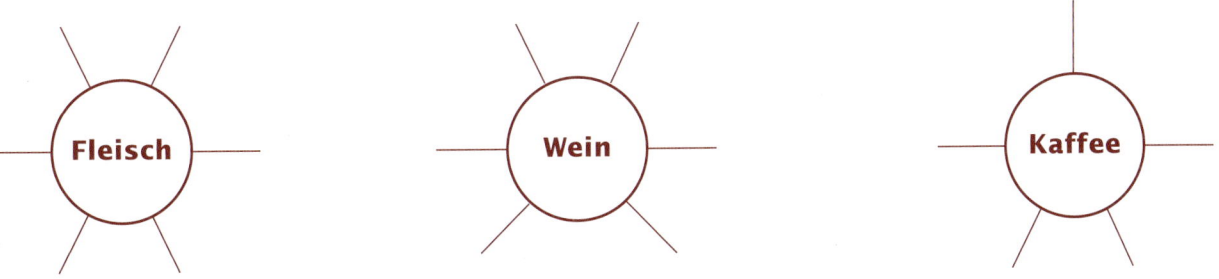

schwarz • fett • stark • lieblich • rosé • mager • trocken • roh • heiß • rot
zäh • koffeinfrei • zart • halbtrocken • schwach • saftig • weiß

Schritte plus im Beruf

Deutsch für Kfz-Mechatronikerinnen und -Mechatroniker

1 In der Kfz-Werkstatt

a Sehen Sie das Bild an und ordnen Sie die Wörter zu. Arbeiten Sie auch mit dem Wörterbuch.

> der Abgastester, - • der Auspuff, -e • der Druckluftschrauber, - • die Fahrzeugdiagnose
> die Hebebühne, -n • die Heckklappe, -n • die Heckscheibe, -n • das Kabel, -
> der Kotflügel, - • der Motorblock, ⸚e • die Motorhaube, -n • das Nummernschild, -er
> das Rücklicht, -er • der Reifen, - • die Radkappe, -n • der Nussensatz, ⸚e • die Ratsche, -n
> das Scharnier, -e • der Scheibenwischer, - • der Scheinwerfer, - • der Schraubendreher, -
> der Schraubenschlüssel, - • der Seitenspiegel, - • die Stablampe, -n • die Stoßstange, -n
> das Wischergummi, -s • das Werkzeugbord, -e • die Zange, -n

Schritte plus im Beruf

Deutsch für Kfz-Mechatronikerinnen und -Mechatroniker

b Was passt? Ergänzen Sie.

1 Wenn man das Fahrzeug von unten überprüfen will,
2 Wenn Werkzeuge oder Ersatzteile fehlen,
3 Mit dem Schraubendreher oder mit dem Druckluftschrauber
4 Einen kaputten Motor
5 Die Wischergummis an den Scheibenwischern
6 Das Nummernschild wird an oder über
7 An der Fahrzeugdiagnose liest der Kfz-Mechaniker
8 Im Winter muss man die Reifen
9 Mit der Zange kann man
10 Die Scharniere an der Motorhaube muss

A Schrauben lockern.
B kann man Schrauben festziehen oder lösen und Radmuttern eindrehen.
C das Datenbuch ein.
D der Stoßstange befestigt / festgemacht.
E wechseln und Winterreifen aufziehen.
F sollte man ab und zu erneuern.
G kann man häufig noch reparieren.
H man bei der Wartung schmieren.
I fährt man das Auto auf die Hebebühne.
J muss der Kfz-Mechatroniker sie neu bestellen.

1	2	3	4	5	6	7	8	9	10

c Was Mechatroniker noch machen. Ergänzen Sie.

reinigen • untersuchen • einbauen • besprechen • abarbeiten • auswechseln
einstellen • übergeben • notieren

Wenn ein Kunde sein Fahrzeug zur Wartung in die Werkstatt bringt, _____ (1) der Kfz-Mechatroniker zuerst den Kilometerstand und _____ (2) die Karosserie von außen und von unten. Wenn es Schäden gibt, informiert der Kfz-Mechatroniker seinen Kunden darüber und _____ (3) mit ihm das weitere Vorgehen. Dann muss er den Wartungsdienstplan des Autoherstellers Punkt für Punkt _____ (4): Dabei muss der Kfz-Mechatroniker zum Beispiel bestimmte Teile sauber machen, also _____ (5), das Motor- und Getriebeöl _____ (6) und die Scheinwerfer richtig _____ (7). Wenn Ersatzteile nötig sind, muss er sie bestellen und später _____ (8) bzw. montieren. Zum Schluss macht der Kfz-Mechatroniker noch eine Probefahrt und _____ (9) das Fahrzeug dann wieder dem Kunden.

Schritte plus im Beruf

Deutsch für Kfz-Mechatronikerinnen und -Mechatroniker

d Was machen Sie in der Werkstatt? Sprechen Sie mit Ihrer Partnerin / Ihrem Partner.

> Ich bin noch in der Ausbildung. Deshalb muss ich die Fahrzeuge meistens nur warten. Bei schwierigen Reparaturen sehe ich meinen Kollegen zu.

2 Was wird bei einer Wartung alles überprüft? Sehen Sie den Wartungsdienstplan an und ergänzen Sie die richtigen Oberbegriffe.

1 _____

Türen, Heckklappe
Motorhaube,
Türschlösser etc.

2 _____

Bremsbeläge
Reifenprofiltiefe
Reifenluftdruck
Radmuttern

3 _____

Fahrzeugachsen
Spur- und Lenkstangengelenke
Abgasanlage

4 _____

Motorkühlsystem
Bremsanlage
Servolenkung
Batterie
Scheibenwaschanlage

5 _____

Motoröl und Filter
Luftfilter-Einsatz
Kühlerlamellen

6 _____

Scheinwerfereinstellung
Wischergummis

7 _____

Reserverad
Verbandskasten

8 _____

Hupe, Lichthupe, Blinker
Beleuchtung
Kupplungsschalter
Scheibenwaschanlage
Sicherheitsgurte

der Sicherheitsgurt
die Windschutzscheibe
das Lenkrad
die Handbremse
der Kupplungsschalter

Schritte plus im Beruf

Deutsch für Kfz-Mechatronikerinnen und -Mechatroniker

Wartungsdienstplan			
Kunde	Herr Konrad Koch	Kennzeichen	B - KK 4531
Modell	Touran TDI Springtime	km-Stand	36567
VIN	1C8FKÖ4552L295481	Erstzulassung	10.01.2004
Wartungsintervall	36.000 km Pflegeservice	Reparaturauftrags-Nr.	245
Karosserie			
Türen, Türschlösser		Funktion prüfen	
Heckklappe, Motorhaube		Funktion prüfen	
Fahrzeuginnenraum			
Hupe, Lichthupe, Blinker		Funktion prüfen	
Beleuchtung		Funktion prüfen	
Kupplungsschalter		Funktion prüfen	
Scheibenwaschanlage		Funktion und Einstellung prüfen / ggf. Einstellung korrigieren	
Sicherheitsgurte		Funktion prüfen	
Räder und Bremsen			
Bremsscheiben und -beläge		vorne und hinten prüfen	
Reifenprofiltiefe		messen	
Reifenluftdruck		prüfen, ggf. korrigieren	
Radmuttern		auf vorgeschriebenes Drehmoment kontrollieren	
Fahrzeugunterseite			
Fahrzeugachsen / Achsgelenke		Funktion prüfen, auf Spiel prüfen	
Spur- und Lenkstangengelenke		abschmieren (wenn nötig)	
Abgasanlage (Auspuff etc.)		Aufhängung und Dichtheit prüfen	
Motorraum			
Motoröl und Filter		erneuern	
Luftfilter-Einsatz		prüfen, ggf. erneuern	
Kühlerlamellen		auf Verschmutzung prüfen	
Flüssigkeitsstände			
Motorkühlsystem		Frostschutzgehalt prüfen, ggf. richtigstellen	
Bremsanlage		prüfen, ggf. richtigstellen	
Servolenkung		prüfen, ggf. richtigstellen	
Batterie		prüfen, ggf. richtigstellen	
Scheibenwaschanlage		prüfen, inkl. Reiniger, ggf. richtigstellen	
Fahrzeugfront- und Fahrzeugheckseite			
Scheinwerfereinstellung		prüfen, ggf. richtigstellen	
Wischergummis		prüfen, ggf. erneuern	
Kofferraum			
Reserverad		Luftdruck richtigstellen	
Verbandskasten		Inhalt prüfen	

Schritte plus im Beruf

Deutsch für Kfz-Mechatronikerinnen und -Mechatroniker

a Was machen Kfz-Mechatroniker bei einer Wartung? Sprechen Sie.
   Der Wartungsdienstplan hilft Ihnen dabei.

> *Bei der Wartung kontrollieren wir zuerst das Fahrzeug von außen, also die Karosserie. Wir prüfen, ob die Türen, Türschlösser, die Heckklappe und die Motorhaube sich richtig öffnen und schließen lassen. Dann ... . Anschließend ... Außerdem ... Schließlich ... Zum Schluss ...*

b Sehen Sie den Wartungsdienstplan noch einmal an und beantworten Sie die Fragen.

Wem gehört das Auto?   Seit wann ist das Auto angemeldet?

Nach wie vielen Kilometern muss das Auto zur Wartung in die Werkstatt?

3 Gespräche in der Kfz-Werkstatt

a Arbeiten Sie mit Ihrer Partnerin / Ihrem Partner und lesen Sie die beiden Telefongespräche. Warum rufen die Leute an? Was vereinbaren sie mit dem Chef? Sprechen Sie.

Gespräch 1:

♦ Autowerkstatt Müller, guten Tag.

■ Meyer, guten Tag. Ich rufe Sie an, weil ich ein Problem mit meinem Auto habe: Wenn ich bremse, klingt das komisch, es quietscht. Was kann das denn sein?

♦ Das kann ich nicht genau sagen. An Ihrer Stelle würde ich den Wagen mal in die Werkstatt bringen.

■ Aha, ja, gut. Und wann kann ich den Wagen denn bei Ihnen vorbeibringen?

♦ Am besten noch heute Vormittag.

■ Okay. Könnten Sie mir den Wagen dann bis morgen Abend reparieren?

♦ Das kommt auf das Problem an. Wenn wir nur die Bremsbeläge erneuern müssen, können Sie Ihr Auto morgen wieder abholen.

■ Gut. Wie viel würde denn so eine Reparatur kosten?

♦ Das weiß ich noch nicht, aber mit ein paar Hundert Euro müssen Sie schon rechnen.

Schritte plus im Beruf

Deutsch für Kfz-Mechatronikerinnen und -Mechatroniker

Gespräch 2:

▼ Hallo, Chef!
● Oh, hallo, Jens. Wo bleibst du denn?
▼ Tut mir leid, aber ich kann heute nicht kommen. Ich bin krank.
● Oh, das tut mir auch leid.
▼ Chef, ich habe da eine Bitte. Könnten Sie bei dem gelben Audi noch die Wartung zu Ende machen? Ich bin gestern damit nicht fertig geworden und der Kunde will den Wagen heute Mittag abholen!
● Okay, mache ich. Dann gute Besserung und bis bald.
▼ Danke, tschüs.

b   Arbeiten Sie mit Ihrer Partnerin / Ihrem Partner und machen Sie Rollenspiele.
    Die Redemittel helfen Ihnen dabei.

A   Ein Kunde hat ein Problem mit seinem Auto: Der Motor lässt sich nicht starten. Vereinbaren Sie einen Termin mit ihm.

B   Rufen Sie einen Kunden an und informieren Sie ihn darüber, dass Sie an seinem Auto noch den Auspuff auswechseln müssen. Die Reparatur kostet etwas mehr und der Wagen muss länger in der Werkstatt bleiben.

C   Heute ist Ihr letzter Arbeitstag vor dem Urlaub. Sie müssen noch ein Auto warten, haben aber nicht mehr für alle Arbeiten Zeit. Sagen Sie Ihrem Chef, was er bei dem Fahrzeug noch alles machen muss.

Einen Rat geben
An Ihrer Stelle würde ich ... .
Bringen Sie den Wagen doch zu uns in die Werkstatt.

Termine vereinbaren
Kommen Sie am besten gleich / heute / morgen (früh / Vormittag / ...) zu uns.
Wenn ... , können Sie den Wagen ... bringen / abholen.

Vermutungen über ein Problem anstellen
Vielleicht ist / sind ja ... kaputt / undicht.
Das Problem könnte sein, dass ... .

Schritte plus im Beruf

Deutsch für Kfz-Mechatronikerinnen und -Mechatroniker

> **Ein Problem benennen und einen Vorschlag machen**
> Leider … funktioniert / geht nicht (mehr). Wir müssten also … reparieren / auswechseln / erneuern. / … ist zu alt / zu schmutzig / zu rostig. Deshalb müssten wir … reparieren / auswechseln / erneuern / reinigen.

> **Um Hilfe bei der Arbeit bitten**
> Leider schaffe ich das nicht mehr. Könnten Sie / Könntest du vielleicht … ?
> Was noch gemacht werden muss, ist: …

4 Was bedeutet das? Ordnen Sie zu.

a Der Motor springt leicht / schwer an. — Die Farbe ist an einer kleinen Stelle abgegangen. Die Stelle ist rötlich-braun, also rostig geworden.

b Der Wagen hat eine Reifenpanne. — Bei dem Unfall ist nur die Karosserie kaputtgegangen.

c Das Fahrzeug hat einen Totalschaden. — Er hat ein Loch.

d Die Batterie ist erschöpft. — Das Fahrzeug lässt sich gut / schlecht starten.

e Die Windschutzscheibe hat einen Sprung. — Das Auto ist so kaputt, dass man es nicht mehr reparieren kann.

f Der Auspufftopf ist undicht. — Der Wagen hat einen defekten Reifen.

g Bei dem Unfall gab es nur Blechschaden. — Sie hat einen kleinen Riss.

h Hier ist ein Kratzer im Lack und man kann schon Rost sehen. — Die Batterie muss man aufladen oder wechseln. Sie funktioniert nicht mehr.

Schritte plus im Beruf

Deutsch für Kinderpflegerinnen und Kinderpfleger

1 Im Kindergarten

a Sehen Sie das Bild an und ordnen Sie die Wörter zu. Arbeiten Sie auch mit dem Wörterbuch.

die Rutsche, -n • der Sandkasten, ⸚ • die Wickelauflage, -n • der Windeleimer, -
der Bauklotz, ⸚e • die Schaukel, -n • die Puppe, -n • die Puppenküche, -n
das Kuscheltier, -e • das Bilderbuch, ⸚er • die Schere, -n • der Klebstoff, -e • der Pinsel, -
die Wasserfarben (Pl.) • das Papier • die Wundschutzcreme, -s • das Feuchttuch, ⸚er
das Dreirad, ⸚er • das Spiel, -e • der Eimer, - • die Schaufel, -n • die Windel, -n
der Topf, ⸚e / das Töpfchen, - • der Bagger, - • der Buntstift, -e

– 49 –

Schritte plus im Beruf

Deutsch für Kinderpflegerinnen und Kinderpfleger

b Suchen Sie die verschiedenen „Ecken" bzw. Bereiche auf dem Bild und ordnen Sie zu:
   Was macht man ... ?

im Garten (G)   in der Kuschelecke (K)   in der Bastelecke (B)
im Wickelbereich (W) in der Puppenecke (P)   in der Bauecke (Bau)

☐ mit Pinsel und Farbe ein Bild malen
☐ auf dem Dreirad fahren
☐ ein Kind wickeln
☐ rutschen
☐ ein Bilderbuch vorlesen oder ansehen
☐ den Po eincremen
☐ die Puppe füttern
☐ die Bauklötze in die Kiste räumen
☐ mit der Schere etwas ausschneiden
☐ etwas kleben

☐ die Puppe umziehen
☐ etwas für die Puppe kochen
☐ einen Turm bauen
☐ im Sand spielen
☐ sich ausruhen
☐ herumtoben
☐ den Po mit dem Feuchttuch säubern
☐ die Puppe schlafen legen
☐ schaukeln
☐ das Kind auf das Töpfchen setzen

c Spielen Sie Pantomime: Ihre Partnerin / Ihr Partner macht Ihnen ein Verb aus b vor.
   Sie erraten, welches. Tauschen Sie dann die Rollen.

2 Als Kinderpfleger/-in arbeiten

a Was sagen Sie in diesen Situationen? Ergänzen Sie.

> Zieht bitte eure Matschhosen und Gummistiefel an! • Schau mir mal zu. Ich zeige dir, wie man das macht. • Aha. Da ärgert ihr euch beide jetzt sehr. Und wie könnt ihr zwei das Problem lösen? • Das darfst du nicht machen! Das tut ihm weh. • Du schaffst das. Trau dich! • Gut hast du das gemacht. Da kannst du jetzt aber stolz auf dich sein. • Zeig mal. Das ist nicht so schlimm. Da kleben wir ein Pflaster drauf. • Warum darf Timo denn nicht mitspielen? Da ist doch für euch beide genügend Platz!

1 Hanna fragt: „Machst du mir den Knopf zu?"
_____

2 „Chiara gibt mir mein Auto nicht zurück. Ich hatte es zuerst." „Nein, ich hatte es zuerst."
_____

3 David lässt Timo nicht mitspielen.
_____

4 Es regnet. Die Kinder sollen sich für den Spielplatz anziehen.
_____

Schritte plus im Beruf

Deutsch für Kinderpflegerinnen und Kinderpfleger

5 Felix hat Gökhan während des Frühstücks gebissen.
_____

6 Sebastian ist unsicher und traut sich wenig zu.
_____

7 Heute hat Sebastian ganz allein den Frühstückstisch gedeckt.
_____

8 Fiona ist gestürzt und hat sich wehgetan.
_____

b Was machen Kinderpfleger/-innen in den Situationen 1-8? Ordnen Sie zu.

☐ einen Konflikt schlichten   ☐ ein Kind schimpfen
☐ den Kindern Anweisungen geben   ☐ ein Kind anleiten
☐ trösten   ☐ ein Kind integrieren
☐ einem Kind Mut machen   ☐ loben

c Würden Sie in den Situationen 1-8 anders reagieren? Wie? Sprechen Sie.

> *Also, ich würde dem Kind, das nicht mitspielen darf, sagen, dass es selbst noch einmal mit David sprechen soll.*

3 Wie Kinder sein können

a Was passt? Ergänzen Sie. Arbeiten Sie auch mit dem Wörterbuch.

> quengelig • wissbegierig • aggressiv • schüchtern • eifersüchtig • trotzig
> selbstständig • ausgeglichen

1 Fabrizio hat eine kleine Schwester bekommen. Jetzt muss er seine Eltern mit ihr „teilen". Ihm gefällt das gar nicht. Er ist _____.

2 Niklas ist erkältet. Es geht ihm nicht gut und deshalb ist er ein bisschen _____.

3 Lilly fragt sehr viel und interessiert sich für alles. Sie ist _____.

4 Svenja macht nur selten, was man ihr sagt. Manchmal wirft sie sich zu Boden und schreit eine halbe Stunde lang. So ein Verhalten nennt man _____.

Schritte plus im Beruf

Deutsch für Kinderpflegerinnen und Kinderpfleger

5 Noël ist im Stuhlkreis etwas _____: Er spricht nicht gerne vor der ganzen Gruppe.

6 Louise kann schon vieles allein und verbringt auch viel Zeit ohne Eltern bei Freunden oder Großeltern. Sie ist _____.

7 Tim beißt und kratzt die anderen Kinder. Er ist _____.

8 Marko ist sehr _____. Er hat immer gute Laune und kann schon gut mit seinen Frustrationen umgehen.

b **Gegensatzpaare. Ordnen Sie zu.**

brav	lebhaft
ruhig	aufgeschlossen
offen	frech
gehorsam	verschlossen
leise	mutig
traurig	laut
ängstlich	wütend
zufrieden	fröhlich
zurückhaltend	ungehorsam

c **Arbeiten Sie mit Ihrer Partnerin / Ihrem Partner. Beschreiben Sie ein Kind aus Ihrer Gruppe oder Ihr eigenes Kind.**

4 Mit den Eltern über ihre Kinder sprechen

a **Tür- und Angelgespräch. Was antwortet die Kinderpflegerin? Ordnen Sie zu.**

Hallo, Frau Eder! Wie ging es denn mit Anna heute?

Das ist ganz normal in dem Alter. Sie probiert aus, wo die Grenzen sind.

So? Was hat sie denn gemacht?

Bestimmt. Das sind Phasen und die gehen auch schnell vorbei. Sonst war alles in Ordnung: Anna hat gut gegessen und eine Stunde Mittagsschlaf gemacht. Ah, da kommt sie ja …

Ja, das kenne ich zurzeit von zu Hause: ein ständiger Machtkampf.

Ganz gut, nur ein bisschen trotzig war sie.

Ja, meinen Sie? Dann bin ich ja beruhigt. Hoffentlich wird das bald wieder besser.

Erst wollte sie ihre Hausschuhe nicht anlassen. Dann wollte sie unbedingt ohne Regenjacke in den Garten.

Schritte plus im Beruf

Deutsch für Kinderpflegerinnen und Kinderpfleger

b Arbeiten Sie mit einer Partnerin / einem Partner zusammen und machen Sie Rollenspiele. Die Redemittel helfen Ihnen dabei.

a Kinderpflegerin / Kinderpfleger:

> Sonja hat heute ständig die anderen Kinder geärgert und auch gekratzt. Sie wirkt sehr unausgeglichen. Finden Sie heraus, warum das so sein könnte. Geben Sie einen Rat, wie man die Situation verbessern könnte.

Mutter / Vater:

> Sonja streitet zurzeit sehr viel mit ihrer Schwester. Dadurch ist die Stimmung zu Hause oft schlecht. Sie brauchen einen Rat, wie Sie mit dem Streit zwischen den Kindern umgehen sollen.

b Kinderpflegerin / Kinderpfleger:

> Sie wundern sich, warum Anton zurzeit so viel weint und schnell wütend wird. Ist zu Hause alles in Ordnung? Erkundigen Sie sich bei den Eltern und bieten Sie Hilfe an.

Mutter / Vater:

> Anton geht zurzeit gar nicht gern in den Kindergarten und ist zu Hause sehr anhänglich. Die Eltern haben sich gerade getrennt.

Um ein Gespräch bitten	Einen Rat geben
Haben Sie einen Moment Zeit? Ich hätte ein paar Fragen:	An Ihrer Stelle würde ich … .
Guten Tag, Frau / Herr … . Kann ich kurz mit Ihnen sprechen?	Versuchen Sie doch mal … .
Frau / Herr … , Ihre Tochter / Ihr Sohn ist zurzeit sehr … . Deshalb wollte ich Sie fragen, ob … ?	Vielleicht sollten Sie zu Hause auch … .

5 Sie wollen einen Ausflug in den Zoo machen. Informieren Sie die Eltern darüber.

wann: Donnerstag, 17. Juli
wie: Bus, Abfahrt: 8.30 Uhr
Kleidung: dem Wetter entsprechend anziehen

Brotzeit: nichts Süßes mitgeben, Getränke bringt das Team mit
zurück: 14 Uhr

> Liebe Eltern,
>
>
> Wir freuen uns auf einen schönen Tag mit unseren Kindern.
>
> Herzliche Grüße
>
> Ihr Kindergarten-Team

Schritte plus im Beruf

Deutsch für Köchinnen, Köche und Küchenhilfen

1 Die Großküche: Wie heißen die verschiedenen Arbeitsbereiche (A-E)? Ergänzen Sie.

der Nassbereich • der Fleischbereich • die Durchreiche • die Kochstelle • der Gemüsebereich

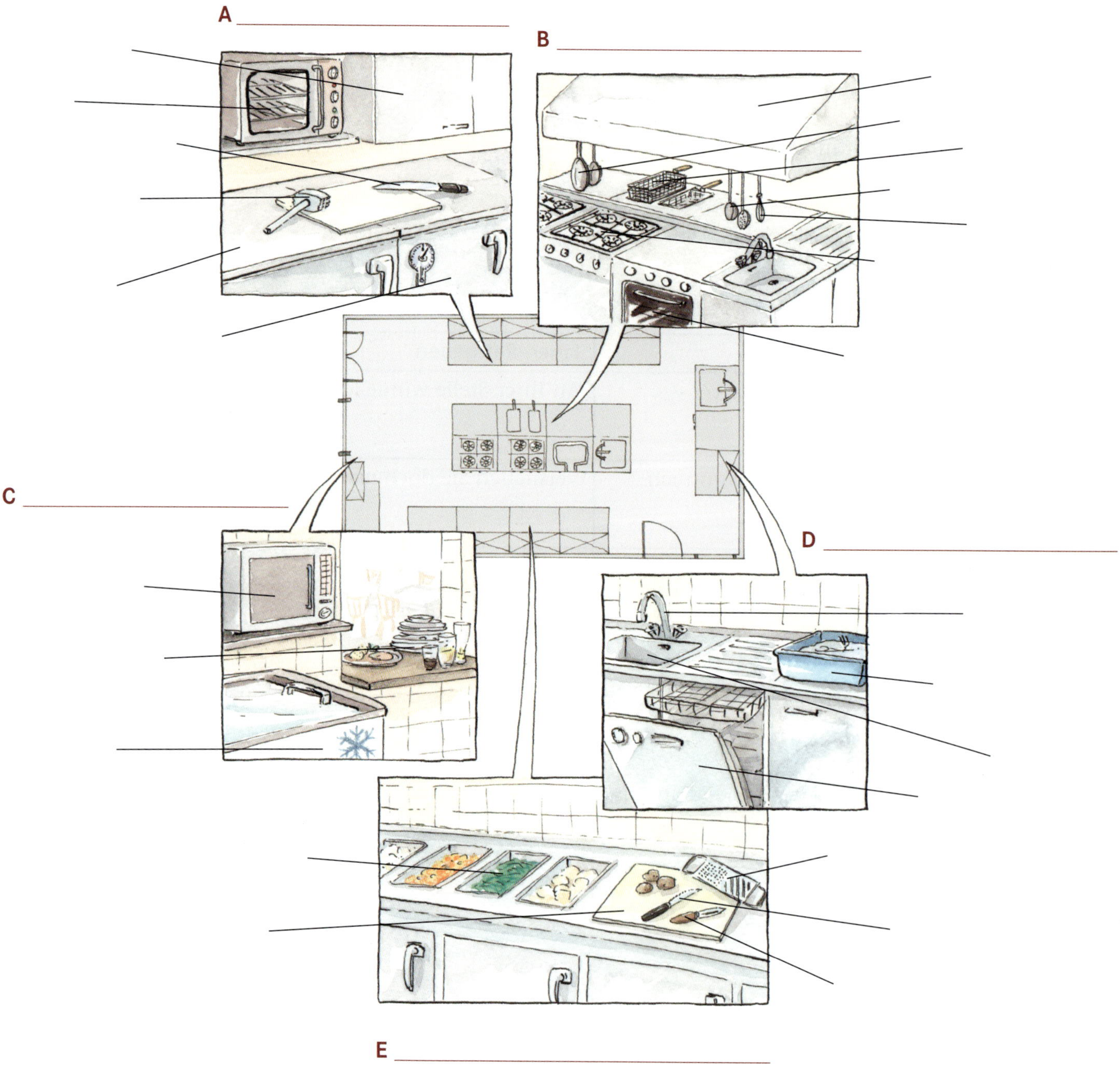

A _____

B _____

C _____

D _____

E _____

Schritte plus im Beruf

Deutsch für Köchinnen, Köche und Küchenhilfen

a Sehen Sie die fünf Bilder an und ergänzen Sie. Arbeiten Sie auch mit dem Wörterbuch.

> die Arbeitsplatte, -n • der Backofen, ⸚ • die Dunstabzugshaube, -n • der Fleischklopfer, -
> das Fleischmesser, - • die Fritteuse, -n • der (Gas-)Herd, -e • das Gemüsefach, ⸚er
> das Gemüsemesser, - • die Gemüsereibe, -n • das Geschirr • die Geschirrspülmaschine, -n
> der Grill • der Hängeschrank, ⸚e • die Kühlzelle, -n • die Mikrowelle, -n • die Pfanne, -n
> der Gemüseschäler, - • der Schneebesen, - • das Schneidebrett, -er • das Spülbecken, -
> die Suppenkelle, -n • die Tiefkühltruhe, -n • die Wanne, -n • der Wasserhahn, ⸚e

b Welche Tätigkeit passt? Ergänzen Sie.

1 Fleisch mit dem Fleischklopfer flach
2 Gemüse mit der Gemüsereibe
3 die Suppe mit der Suppenkelle aus dem Topf
4 Brot im Backofen
5 Kartoffelscheiben in der Fritteuse
6 ein Gericht in der Mikrowelle kurz
7 Fisch oder Fleisch in der Pfanne
8 eine Soße mit dem Schneebesen dick
9 Fleisch mit dem Messer in Scheiben
10 Karotten mit dem Gemüseschäler
11 schmutziges Besteck
12 die Spülmaschine

A schneiden
B klopfen
C schlagen
D backen
E reiben
F frittieren
G schöpfen
H schälen
I braten
J aufwärmen
K einräumen / ausräumen
L einweichen

1	2	3	4	5	6	7	8	9	10	11	12

c Machen Sie mit Ihrer Partnerin / Ihrem Partner mit den Wörtern aus a und b kleine Gespräche.

> Du, entschuldige, womit schäle ich die Zwiebeln?

> Na, mit dem Messer natürlich.

> Wo kann ich denn bitte die Milch aufwärmen?

> In der Mikrowelle. Die steht da hinten.

Schritte plus im Beruf

Deutsch für Köche und Küchenhilfen

2 Das kleine Kochlexikon

a Was Köche und Küchenhilfen noch machen. Ordnen Sie zu.

1	abschmecken	A	Man lässt Gemüse, Fleisch oder Fisch mit wenig Flüssigkeit und wenig Fett in einem geschlossenem Topf gar werden.
2	anbraten	B	Die Zubereitung von Nahrungsmitteln durch Wärme. Umgangssprachlich wird das auch einfach als „kochen" bezeichnet.
3	filetieren	C	Man wendet das Fleisch oder den Fisch zuerst in einer Eiermasse und dann in Mehl.
4	dünsten	D	Man brät Fleisch in heißem Fett an. Dann gibt man eine Flüssigkeit dazu und lässt das Fleisch garen.
5	garen	E	Bevor man ein Gericht serviert, überprüft man den Geschmack und würzt, wenn nötig, nach.
6	marinieren	F	Man schneidet und löst die Filets aus dem Fleisch oder dem Fisch heraus.
7	schmoren	G	Man lässt ein Stück Fleisch bei starker Hitze außen kurz braun werden, denn das Fleisch soll innen saftig bleiben.
8	panieren	H	Man legt Fleisch, Fisch oder Gemüse in eine Flüssigkeit aus Essig oder Zitronensaft, Gewürzen und Kräutern.

1	2	3	4	5	6	7	8

b Nach Rezept kochen. Ergänzen Sie die Sätze.

> würzen • servieren • schneiden • bestreuen • geben • dünsten • schälen
> hinzugeben • schließen • anbraten • waschen

Alaska-Seelachs auf Blattspinat

1. 3 Esslöffel Olivenöl in die Pfanne _____.
2. Zwiebeln und Knoblauch _____, in Würfel _____ und in der Pfanne _____.
3. Blattspinat gründlich _____ und hinzugeben.
4. Fischfilets auf den Spinat legen und _____ (den Deckel dabei _____).
5. Nach Bedarf mit Salz, Pfeffer und Muskat _____.
6. Kurz vor Ende der Garzeit die Tomaten _____ und mit Basilikum _____.
7. Zum Schluss mit Reis oder Nudeln _____.

Schritte plus im Beruf

Deutsch für Köche und Küchenhilfen

c Wie machen Sie Ihr Lieblingsgericht? Erzählen Sie. Die Verben aus 2 a und b helfen Ihnen dabei.

> *Also, mein Lieblingsgericht ist ... .*
> *Zuerst ... . Dann ... . Danach ... .*
> *Anschließend ... . Zum Schluss ... .*

3 Zutaten, Fleisch- und Fischsorten

a Welche Zutaten benutzen Sie am meisten? Ergänzen Sie und erzählen Sie.
Arbeiten Sie auch mit dem Wörterbuch.

Gewürze	Kräuter	Gemüse	Obst	Milchprodukte
Salz	Basilikum			

> *Ich würze sehr oft mit ... .*
> *Aber auch ... ist wichtig für mich.*
> *Beim Kochen verwende ich auch oft*
> *Kräuter, vor allem ... .*

b Von welchen Tieren kommen diese Fleischgerichte? Ordnen Sie zu.

Rindersteak ☐   Kalbsschnitzel ☐
Schweinekotelett ☐   Gänsebraten ☐
Putenschnitzel ☐   Lammkeule ☐
Hirschgulasch ☐   Hühnerbrust ☐

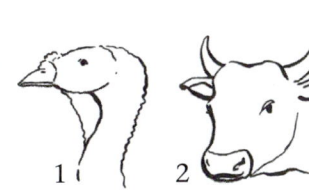

1   2   3   4   5   6   7   8

Schritte plus im Beruf

Deutsch für Köche und Küchenhilfen

c Was kann man auf dem Fischmarkt kaufen? Arbeiten Sie mit dem Wörterbuch und kreuzen Sie an.

- [X] Muscheln
- [ ] Hase
- [ ] Rotbarsch
- [ ] Scholle
- [ ] Seezunge
- [ ] Hering
- [ ] Garnelen
- [ ] Fasan
- [ ] Forelle
- [ ] Hammel
- [ ] Dorsch
- [ ] Hecht

4 Wie heißt das Gegenteil? Ordnen Sie zu.

a Ist das Gewürz scharf oder   frisch.

b Das Fleisch ist ganz zart und nicht   hart?

c Dieser Schinken ist gekocht und dieser   mild?

d Ist der Käse fett oder   salzig?

e Das Steak sieht nicht besonders saftig aus.
   Nein, es ist leider ziemlich   mager?

f Ist das Ei weich oder ist es   roh.

g Das Brot ist alt. Gestern war es   trocken.

h Ist ein Kaiserschmarren süß oder   zäh.

Schritte plus im Beruf

Deutsch für Krankenschwestern und Krankenpfleger

1 Das Patientenzimmer

a Sehen Sie das Bild an und ordnen Sie die Wörter zu. Arbeiten Sie auch mit dem Wörterbuch.

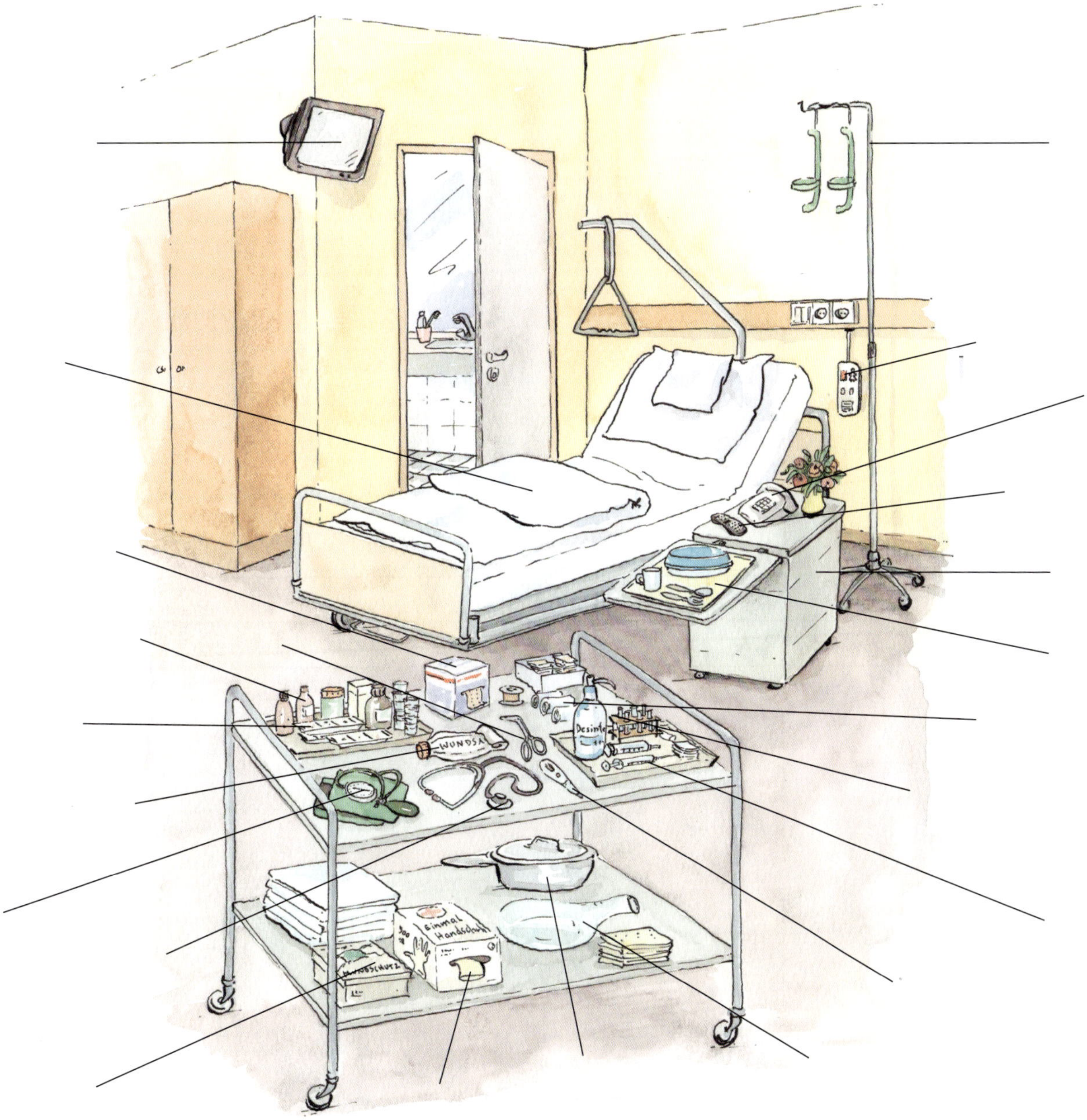

> das Stethoskop, -e • das Fieberthermometer, - • die Spritze, -n • das Desinfektionsmittel, -
> das Blutdruckmessgerät, -e • der Schwesternruf • das Pflaster, - • das Medikament, -e
> die Tablette, -n • das Krankenbett, -en • die Salbe, -n • der Einweghandschuh, -e
> der Mundschutz • die Bettpfanne, -n / die Bettschüssel, -n • die Urinflasche, -n • der Verband, -̈e
> der Nachttisch, -e • das Tablett, -s • der Infusionsständer, - mit Infusionshalter
> die Fernbedienung, -en • der Fernseher, - • das Telefon, -e • die Schere, -n

Schritte plus im Beruf

Deutsch für Krankenschwestern und Krankenpfleger

b Was passt? Ordnen Sie zu.

1 Mit einem Blutdruckmessgerät
2 Wenn einem Patienten heiß und kalt ist,
3 Pflaster
4 Patienten müssen oft viel liegen und werden dann wund.
5 Spritzen verwendet man zum Beispiel dann,
6 Mit einem Stethoskop
7 Tabletten
8 Größere Wunden und Verletzungen
9 Über den Tropf
10 Das Essen für die Patienten

A wenn man einem Patienten Blut abnehmen will.
B kann man Herz und Lunge von einem Patienten abhören.
C misst man bei einem Patienten den Blutdruck.
D schluckt man. Man kann sie auch in Wasser auflösen und trinken.
E sollte man unbedingt seine Körpertemperatur kontrollieren. Dazu braucht man ein Fieberthermometer.
F Wenn man die richtige Salbe aufträgt, geht es den Patienten meistens besser.
G klebt man auf kleine, offene Wunden.
H legt man eine Infusion.
I steht auf dem Nachttisch auf einem Tablett.
J verbindet man mit einem Verband.

1	2	3	4	5	6	7	8	9	10

2 Im Krankenhaus

a Welches Bild passt zu welcher Abteilung? Ergänzen Sie.

☐ die Anästhesie-Ambulanz
☐ die Chirurgie
☐ die Frauenklinik und Geburtshilfe
☐ die Gefäßchirurgie
☐ die HNO-Klinik
☐ die Kardiologie
☐ die Innere Medizin

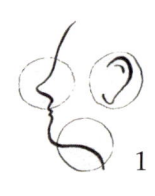
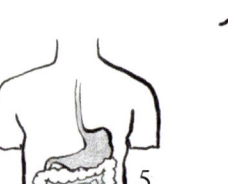
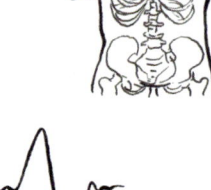
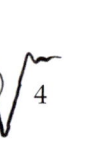
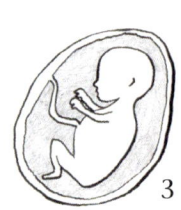
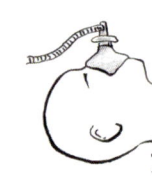

Schritte plus im Beruf

Deutsch für Krankenschwestern und Krankenpfleger

b Auf welcher Station arbeiten Sie? Was sind Ihre Aufgaben? Sprechen Sie.

Ich arbeite auf der … -Station.	
Ich muss	bei den Patienten Blutdruck / Fieber / den Puls messen / … /.
	den Patienten Medikamente geben / den Verband wechseln / Essen bringen / … /.
	die Patienten waschen / füttern / umbetten / … /.

3 Lesen Sie das Gespräch und ergänzen Sie.

> Und wie kommen Sie mit den Thrombosestrümpfen zurecht? • Herr Dr. Weiß macht übrigens so gegen 16 Uhr seine Visite und untersucht Sie dann noch einmal. • Was machen Ihre Schmerzen? Haben die Tabletten geholfen? • Bekommen Sie heute noch Besuch? • Wie fühlen Sie sich denn? • Ich bin Schwester Annette. Ich bin heute bis 22 Uhr für Sie da.

◆ Guten Tag, Frau Beer. _____.

■ Guten Tag, Schwester Annette.

◆ _____?

■ Es geht mir schon wieder viel besser. Danke. Nur sehr müde bin ich noch.

◆ Ja, das glaube ich. Das ist ganz normal. _____?
_____?

■ Ja. Auf jeden Fall. Ich spüre eigentlich nichts mehr.

◆ Na, wunderbar. _____?

■ Auch gut, danke. Die möchte ich natürlich nicht immer tragen …

◆ Das müssen Sie auch nicht, Frau Beer. Wir messen jetzt noch einmal Ihren Blutdruck und kontrollieren Ihre Temperatur. _____?

■ Ja, meine Tochter wollte heute nach der Arbeit noch einmal vorbeikommen.

◆ Das freut mich. So, jetzt machen Sie bitte Ihren Arm frei. … Na, das sieht gut aus, 80 zu 120. … Und Fieber haben Sie auch nicht mehr. Schön, Frau Beer. _____
_____.

■ In Ordnung, Schwester Annette. Dann weiß ich Bescheid. Vielen Dank.

◆ Gerne, Frau Beer. Bis später!

Schritte plus im Beruf

Deutsch für Krankenschwestern und Krankenpfleger

4 Rollenspiele: Arbeiten Sie mit einer Partnerin / einem Partner und spielen Sie die Gespräche.

Krankenschwester / Krankenpfleger:

> Erkundigen Sie sich, wie es der Patientin / dem Patienten geht. Geben Sie ihr / ihm ein Schmerzmittel.

> Die Patientin hat ein Baby bekommen. Sie kontrollieren ihren Puls, den Blutdruck und messen Fieber. Alles ist in Ordnung.

Patientin / Patient:

> Es geht Ihnen nicht gut. Sie haben starke Schmerzen und können nicht schlafen.

> Sie haben ein Baby bekommen. Es geht Ihnen gut. Sie haben großen Hunger und Durst. Außerdem würden Sie gern duschen.

Krankenhäuser haben oft ihre eigenen Apotheken. Dort kann das Krankenhauspersonal Medikamente bestellen.

5 Lesen Sie die Informationen zur Bestellung von Medikamenten. Kreuzen Sie an: Was ist richtig?

Unsere Mitarbeiterinnen für den Einkauf von Medikamenten und Laborchemikalien:	
Frau Koschnik: Tel. 3507 Zuständig für: Life Tech Mencke Sima sowie für alle anderen Firmen mit den Buchstaben A bis G	Frau Müsch: Tel. 3508 Zuständig für: Becton Bionorm Deka sowie für alle anderen Firmen mit den Buchstaben H bis Z
Geben Sie bitte bei allen Bestellungen an: Firmennamen, Artikelnummer, Darreichungsformen, Stärke und Menge. Außerdem bitten wir, die Preise (auch Sonderpreise) anzugeben! Bringen Sie sehr eilige Bestellungen grundsätzlich persönlich in der Apotheke vorbei!	

richtig

a Medikamente von Firmen mit dem Anfangsbuchstaben C bestellt man bei Frau Koschnik. ☐

b Wenn man ein Medikament von der Firma Mencke bestellen möchte, spricht man mit Frau Müsch. ☐

c Gibt es das Medikament als Tablette oder als Salbe? Für Frau Koschnik und Frau Müsch ist diese Information nicht so wichtig. ☐

d Wenn man ein Medikament bestellt, muss man auch wissen, wie viel es kostet. ☐

e Man muss bei einer Bestellung auch angeben, wie viel man von einem Medikament braucht. ☐

f Wenn man ein Medikament sehr dringend braucht, ruft man die beiden Mitarbeiterinnen in der Klinik-Apotheke am besten an. ☐

Schritte plus im Beruf

Deutsch für Krankenschwestern und Krankenpfleger

6 Sie wollen dieses Medikament per E-Mail bestellen. Schreiben Sie. Die Redemittel helfen Ihnen.

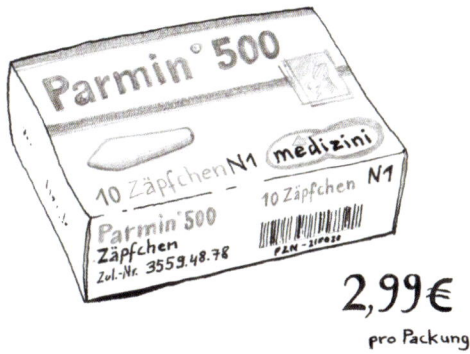

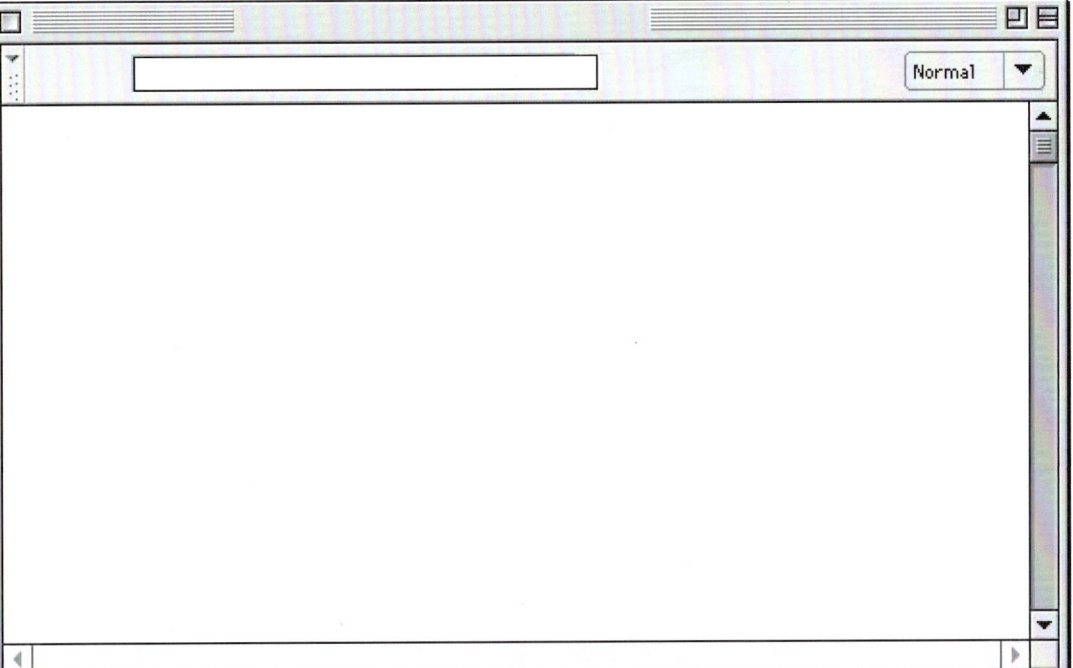

Sehr geehrte Frau … / Liebe Frau …,

für … (Name der Abteilung oder Station im Krankenhaus) möchte ich folgendes Medikament / Arzneimittel bestellen:
Es heißt … und ist von der Firma … .
Die Artikelnummer ist … .
Wir möchten das Medikament als Salbe / als Tropfen / als Saft / als Zäpfchen / in Tablettenform / … /.
Eine Packung enthält 50 Stück / … ml (Milliliter) / g (Gramm) / … / und kostet … €.
Vielen Dank für Ihre Hilfe.

Mit freundlichen Grüßen
…

Schritte plus im Beruf

Deutsch für Lagerkräfte

1 Im Lagergebäude

a Sehen Sie das Bild an und ordnen Sie die Wörter zu. Arbeiten Sie auch mit dem Wörterbuch.

A _____

B _____

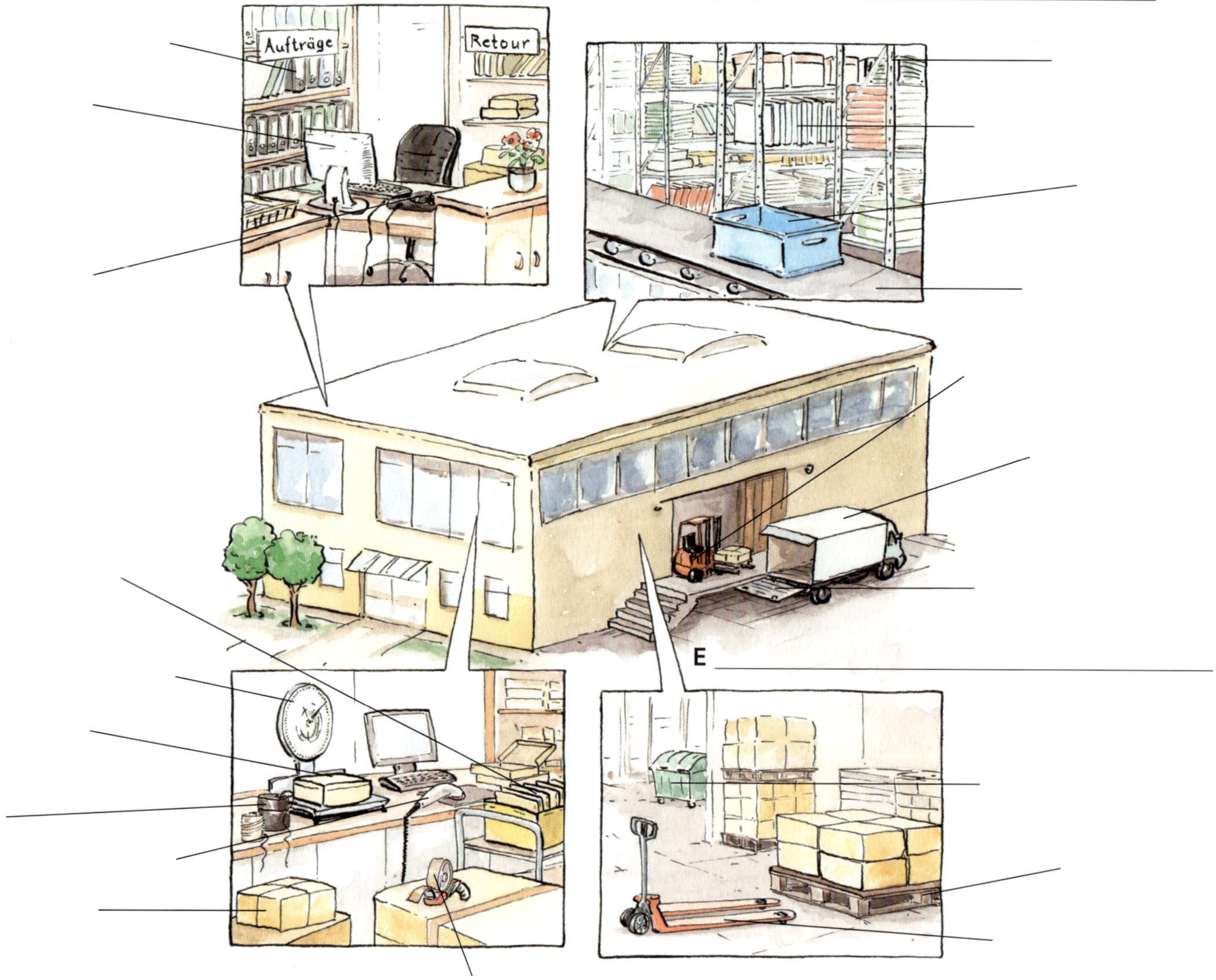

C _____

D _____

E _____

Schritte plus im Beruf

Deutsch für Lagerkräfte

> der Aktenordner, - • der Hubwagen, - • die Briefsendung, -en • der Computer, - •
> das Förderband, ⸚er • der Gabelstapler, - • die Kiste, -n • der Klebebandabroller, - •
> die Ladefläche • der Lastwagen, - • der Müllcontainer, - • das Päckchen, - • das Paket, -e •
> die Palette, -n • das (Hoch-)Regal, -e • der Scanner, - • die Schnur, ⸚e •
> das Telefon, -e • die Waage, -n • die Ware, -n

b Wie heißen die verschiedenen Arbeitsbereiche (A–E) im Lagergebäude? Ergänzen Sie.

> der Kommissionierbereich • die Wiege- und Packstation • die Auftragsbearbeitung
> der Wareneingang / der Warenausgang • die Laderampe

c Wo macht man das? Sehen Sie sich das Bild noch einmal genau an und ergänzen Sie die Buchstaben A–E aus 1 b. Sprechen Sie.

- [ ] die Ware wiegen
- [ ] schriftliche oder telefonische Bestellungen entgegennehmen
- [ ] die Ware am Förderband kommissionieren
- [ ] die Ware verpacken
- [ ] den Lastwagen beladen oder entladen
- [ ] den Müll entsorgen
- [ ] die Ware scannen
- [ ] die Ware in ein Regal einsortieren
- [ ] einen Lieferschein ausstellen
- [ ] die Ware am Warenausgang auf Paletten stapeln

> In der Auftragsbearbeitung nimmt man die Bestellungen entgegen.
> Dort stellt man auch den Lieferschein aus.
>
> Im Kommissionierbereich …
> An der Wiege- und Packstation …
> Im Warenausgang …
> An der Laderampe …

d Für welche Aufgaben aus c sind Sie zuständig? Erzählen Sie.

> *Ich nehme keine Bestellungen entgegen. Ich muss aber Waren kommissionieren.*

Schritte plus im Beruf

Deutsch für Lagerkräfte

2 Beantworten Sie die Fragen. Die Informationen finden Sie auf dem Packzettel.

Hueber Verlag & Co. KG
Max-Hueber-Str. 4
D-85737 Ismaning

VMH
Verlagsauslieferung Postfach   Max-Hueber-Str. 4
MaxHueberGmbH   85737 Ismaning Tel.089/9602-0

Sendungsnummer 10793227
Packstück 001 von 001
Büchersendung-Maxi

Lieferung an:
Verena Hagen
Reichenbachstr. 12
A-5010 Salzburg

Frachtpostzentrum 85

000000   Bruttogewicht 0.515 KG
Kundennummer G   07.05.20..

Kundennummer G   Packstraße
                      Kartonage SZ4kl 043%
Fakturdatum 07.05.20.. Nettogewicht 0.414 KG
Post   Bruttogewicht 0.515 KG
Sendungsnummer 10793227
Packstück 001 von 001
1107932270010009

Verena Hagen
Reichenbachstr. 12
A-5010 Salzburg

80798.007.134.59-6

Packzettel   10793227/001-001

Lagerort	Lagerort (Nachschub)	Anzahl	ISBN	Kurztitel
J- /033	01/003/016/001	1	3-19-001704-2	Schritte plus 1, KB

SZ

a Was muss die Lagerkraft hier verschicken?
b Wie viel wiegt die Sendung?
c Wie heißt die Kundin / der Kunde?
d Wo wohnt die Kundin / der Kunde?
e Welche Kundennummer hat sie / er?
f Wann hat die Lagerkraft die Rechnung erstellt?
g Wer übernimmt die Lieferung?
h Wo findet die Lagerkraft die Ware?

3 Was passt? Ordnen Sie zu.

a Die Ware ist unversehrt und vollständig angekommen.
b Achtung! Zerbrechlich!
c Verderbliche Waren lagern im Kühlhaus.
d Vorsicht! Gefahrengut!

e Die Ware ist leider nicht mehr vorrätig / lieferbar.
f Die Ware ist beschädigt.

[d] Hier muss man sehr gut aufpassen. Die Waren können für Lagerkräfte gefährlich sein.

[ ] Die Ware ist kaputt.

[ ] Die Ware gibt es nicht mehr.

[ ] Lebensmittel können schlecht werden. Sie müssen an einen kühlen Ort kommen.

[ ] Die Ware ist aus Glas und kann leicht kaputtgehen.

[ ] Die Ware ist beim Transport nicht kaputtgegangen. Alle Teile sind da.

Schritte plus im Beruf

Deutsch für Malerinnen und Maler

1 Der Maler kommt!

a Sehen Sie das Bild an und ordnen Sie die Wörter zu.
   Arbeiten Sie auch mit dem Wörterbuch.

> die Abdeckfolie, -n • das Klebeband, ⸚er • das Abstreichgitter, - • die Decke, -n
> die Dispersionsfarbe, -n • der Farbroller, - • das Fensterbrett, -er • der Fensterrahmen, -
> der Heizkörper, - • das Kittmesser, - • die Lackwanne, -n • die Laibung • die Leiter, -n
> der Lieferwagen, - • der Pinsel, - • das Schleifpapier • der Schleifklotz, ⸚e
> der Schwingschleifer, - • die Spachtelmasse • der Spachtel, - • die Spachtelschale, -n
> der Tapeziertisch, -e • die Teleskopstange, -n • die Wand, ⸚e

b Was macht die Firma „Der Maler kommt!"? Kreuzen Sie an.   **richtig**

1 Die Firma streicht das Haus nur innen. ☐
2 Sie wollen eine neue Tapete? „Der Maler kommt!" kann Ihnen helfen. ☐
3 Die Firma lackiert Fenster, Türen und andere Dinge im und am Haus. ☐
4 Löcher in den Wänden müssen Sie selbst verspachteln. ☐

Schritte plus im Beruf

Deutsch für Malerinnen und Maler

2 Als Malerin / Maler arbeiten

a Ordnen Sie zu.

den Fußboden	abschleifen und lackieren
die Farbe	aufstellen, zusammenklappen, hinauf-/hinuntersteigen
die Wände	mit Putz oder Kitt verspachteln und übermalen
Fenster- und Türrahmen	entfernen
die Leiter	in die Farbe tauchen, abstreifen, auswaschen
Löcher in der Wand	abstreichen, anrühren, mischen, verdünnen, dick/dünn auftragen
Farbspritzer am Fenster	streichen oder tapezieren
den Pinsel	abdecken und abkleben

(den Fußboden → abdecken und abkleben)

b Lesen Sie den Text und ergänzen Sie den Tagelohnbericht.

Der Maler Martin Krug hat in Gräfelfing gearbeitet. Die genaue Adresse: Bahnhofstraße 17, 82166 Gräfelfing. Dort wohnt die Familie Schmidt. Martin Krug soll die Wohnung von Schmidts streichen. Am 26. März hat Maler Krug folgende Arbeiten durchgeführt: Zuerst hat er das Bad und die Toilette abgeklebt und abgedeckt. Diese Arbeit hat 1,5 Stunden gedauert. Dann hat er zwei Löcher im Wohnzimmer verspachtelt und geschliffen und Farbspritzer von den Fenstern entfernt (4 Stunden). Schließlich hat er im Schlafzimmer die Decke und die Wände gestrichen (2,5 Stunden).

Der Maler kommt! GmbH & Co. KG Malereibetrieb   Bergstr. 7 • 82166 Gräfelfing • Telefon (089) 88897712 • Telefax (089) 88897713

Tagelohnbericht – Nummer: 4   Datum: _____

Straße, Ort: _____   Bauteil: innen ☐ / außen ☐

Mitarbeiter	Tag	Stunden	Beschreibung der Arbeiten	Materialverbrauch
		1,5 h	Bad und Toilette abgeklebt und abgedeckt	20% Material-/Werkzeugpauschale (auf Stundenlohn bezogen)

Unterschrift Mitarbeiter: _____

Unterschrift Kunde / Auftraggeber: _____

– 68 –

Schritte plus im Beruf

Deutsch für Malerinnen und Maler

3 Farben

a Was bedeutet das? Ordnen Sie zu.

1 Die Farbe blättert ab. ☐
2 Achtung! Frisch gestrichen! ☐
3 Die Farbe an der Wand ist abwaschbar. ☐
4 Der zweite Anstrich fehlt noch. ☐
5 Das Bad ist mit Latexfarbe gestrichen. ☐

A Der Maler muss hier noch ein zweites Mal streichen.
B Die Farbe ist hier vielleicht noch nicht getrocknet.
C Die Farbe bleibt nicht an der Wand.
D Die Farbe im Bad ist wasserfest.
E Man kann die Wand mit Wasser sauber machen.

b Schreiben Sie. Welche Farben sind ...

hell: _____

dunkel: _____

warm: _____

kalt: _____

leuchtend: _____

maisgelb   feuerrot   beige   tiefschwarz   nussbraun

altrosa   perlweiß   blutorange   himmelblau   signalgrün

Schritte plus im Beruf

Deutsch für Maurerinnen und Maurer (Baustelle)

1 Auf der Baustelle

a Sehen Sie das Bild an und ordnen Sie die Wörter zu. Arbeiten Sie auch mit dem Wörterbuch.

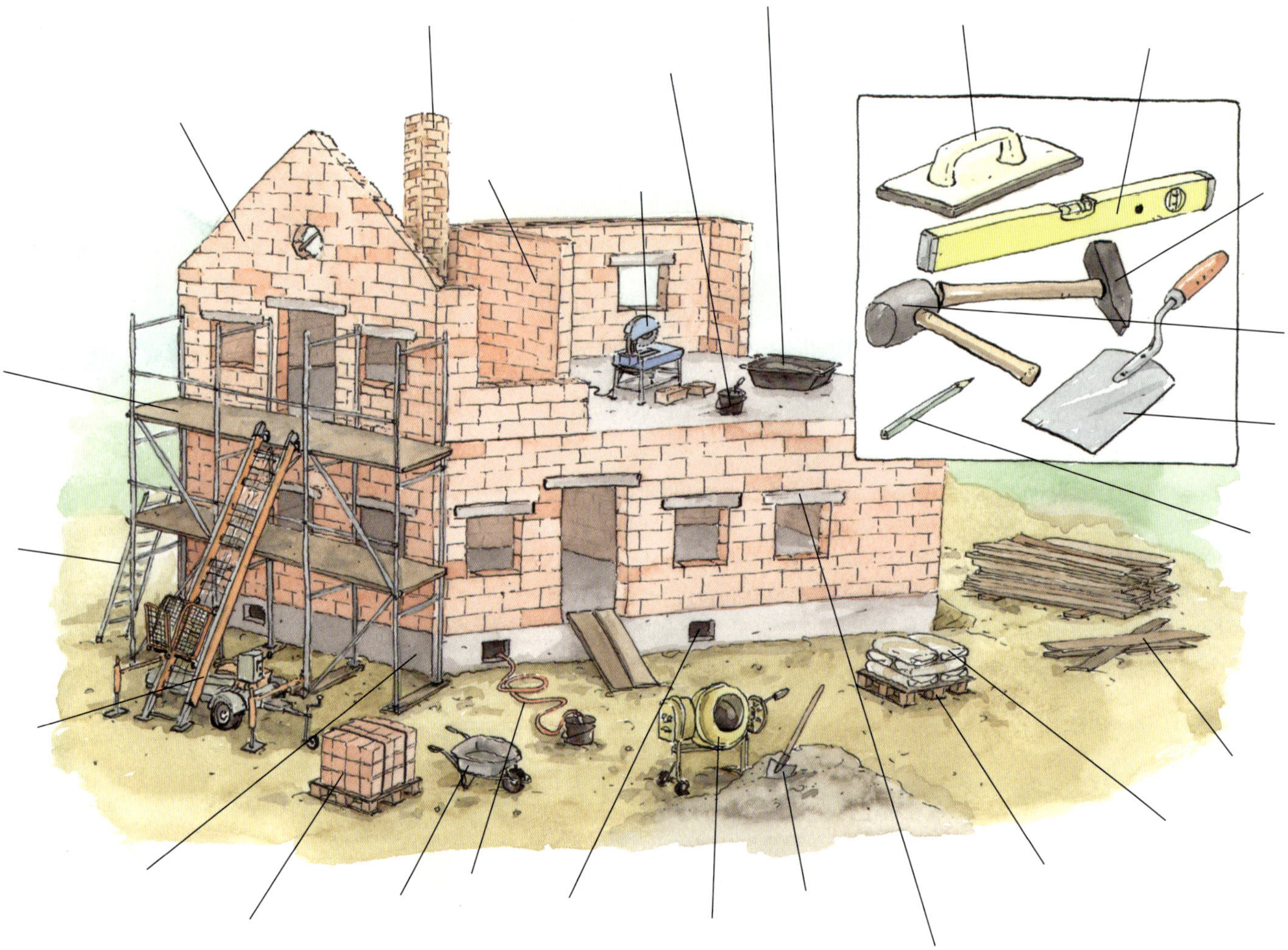

---

der Bauaufzug, ¨e • die Betonmischmaschine, -n • der Bleistift, -e • das Brett, -er
der Eimer, - • der Fenstersturz, ¨e • das Fundament, -e • das Gerüst, -e • der Hammer, ¨
die Kelle, -n • der Keller, - • die Leiter, -n • der Mörtelkasten, ¨ • die Palette, -n
das Reibebrett, -er • der Rohbau, -ten • der Schornstein, -e • die Schaufel, -n
der Schlägel, - • die Schubkarre, -n • die Steinsäge, -n • die Wand, ¨e
der Wasserschlauch, ¨e • die Wasserwaage, -n • der Zementsack, ¨e • der Ziegelstein, -e

Schritte plus im Beruf

Deutsch für Maurerinnen und Maurer (Baustelle)

b Was passt? Ordnen Sie zu. Benutzen Sie auch das Wörterbuch.

1 die Ziegelsteine mit Mörtel und Kleber	A	einsetzen
2 den Mörtel im Mörtelkasten	B	betonieren
3 Wände aus Ziegelstein oder Kalksandstein	C	nachmessen
4 schwere Zementsäcke mit dem Bauaufzug nach oben	D	dämmen
5 Sand, Kies, Wasser und Zement in der Betonmischmaschine zu Beton	E	montieren
6 ein Gebäude aus mehreren Stockwerken	F	verputzen
7 die Wände mit der Kelle	G	zusammenmischen
8 Mauern mit der Wasserwaage	H	mauern
9 das Fundament	I	aufeinandersetzen
10 Kelleraußenwände gegen Feuchtigkeit	J	anmischen
11 Schornsteine	K	bauen
12 Treppen und Fensterstürze	L	transportieren

1	2	3	4	5	6	7	8	9	10	11	12
		H									

c Machen Sie aus den Satzteilen und Verben in b ganze Sätze.

Beispiel: Ziegelsteine setzt man mit Mörtel und Kleber aufeinander.

d Was haben Sie diese Woche auf der Baustelle gemacht? Was müssen Sie noch machen? Erzählen Sie.

Wir haben diese Woche die Kelleraußenwände gedämmt. Außerdem ... .

Schritte plus im Beruf

Deutsch für Maurerinnen und Maurer (Baustelle)

2 Lesen die Gespräche mit Ihrer Partnerin / Ihrem Partner. Was passt? Ergänzen Sie.

Gespräch:

a Die Maurer bekommen einen Auftrag. Sie nehmen den Auftrag nicht an. ☐

b Der Bauleiter spricht mit den Arbeitern über den Stand der Arbeit, also darüber, was schon gemacht worden ist. ☐

c Ein Maurer erklärt einem anderen einzelne Arbeitsschritte, bzw. wie man etwas macht. ☐

d Ein Kollege bittet einen anderen um Hilfe. ☐

> **Gespräch 1:**
> ♦ Habt ihr die Schornsteine schon eingesetzt?
> • Damit beginnen wir nach der Pause.
> ♦ Gut. Damit solltet ihr aber heute noch fertig werden.
> • Kein Problem, das schaffen wir leicht.

> **Gespräch 2:**
> ■ Hey Pedro, kannst du mal mit anpacken? Der Sack ist total schwer.
> ▲ Einen Moment. Ich helfe dir gleich.

> **Gespräch 3:**
> • Also, zuerst zeichnest du die Kellerwand auf dem Boden an.
> ▼ Okay, und was mache ich dann?
> • Danach spannst du eine Schnur.
> ▼ Und zum Schluss setze ich die Steine mit Mörtel und Kleber aufeinander, oder?
> • Genau. Aber pass auf, dass der Mörtel nicht zu trocken ist.

> **Gespräch 4:**
> • Also, die Wände müsst ihr bis Freitag fertig haben.
> ■ Tut mir leid, aber zu zweit schaffen wir das nicht. Können wir nicht noch einen zweiten Lehrling bekommen?

3 Machen Sie mit Ihrer Partnerin / Ihrem Partner Rollenspiele. Die Redemittel helfen Ihnen dabei.

a A trägt eine schwere Leiter und kommt an B vorbei. B macht gerade eine Zigarettenpause.

b C leitet die Baustelle und erklärt dem Lehrling D, wie man Zement anmischt.

c E hatte einen freien Tag und fragt F nach dem aktuellen Stand der Arbeit. F informiert E.

d G gibt H den Auftrag, die Fensterstürze bis zum nächsten Tag zu montieren. H sagt, dass er das alleine nicht schaffen kann.

Schritte plus im Beruf

Deutsch für Maurerinnen und Maurer (Baustelle)

einer Kollegin / einem Kollegen einen Auftrag geben	einen Auftrag mit Vorbehalt annehmen / ablehnen	um Hilfe bitten / Hilfe anbieten	einzelne Arbeitsschritte erklären	sich über den Stand der Arbeit austauschen
Machen Sie / Mach bitte noch …! / … muss noch gemacht werden!	Tut mir leid, aber das schaffe ich nicht. / das schaffe ich nur, wenn … .	Können Sie / Kannst du mir mal helfen / mit anpacken / mal kommen?	Zuerst machen Sie / machst du …, danach … und zum Schluss … .	Haben Sie / Hast du / Habt ihr schon …?
Können Sie / Kannst du … noch machen?	Ich kann gerade nicht. Ich muss erst noch … .	Kann / Soll ich dir helfen?	Als erstes muss man … . Anschließend kann man … .	Ich mache gerade / im Augenblick / jetzt … .

4 Auf der Baustelle ist eine Materiallieferung angekommen.
Lesen Sie den Lieferschein und ordnen Sie zu.

Anforderung		Material-/Lieferschein ………………………………………		Baustoff Müller GmbH
Absender: Baustoff Müller GmbH Im Gewerbegebiet 1 30999 Bergstatt			**Empfänger** Schmitz-Bau GmbH Hinter den Höfen 6 30999 Bergstatt	
Anzahl	**Einh.**	**Bezeichnung / Artikel**	**Abmessungen**	**Liefertermin**
500	l	Mörtel		15.10.20..
400	m²	Ziegelsteine	24,5 cm	15.10.20..
1000	kg	Putz		15.10.20..
8	m³	Beton		15.10.20..
50	m³	Sand		15.10.20..
50	kg	Zement		15.10.20..
1,2	t	Stabstahl		15.10.20..
0,8	t	Mattenstahl		15.10.20..
20	st	Stahlstützen		15.10.20..
10	st	Holzträger		15.10.20..
100	m²	Schaltafeln		15.10.20..
Bemerkung:		Das Material kann ebenerdig auf der Baustelle abgeladen werden. Der Gehweg muss abgesperrt werden.		
Datum: _____		Unterschrift: _____		Tel.: _____

Schritte plus im Beruf

Deutsch für Maurerinnen und Maurer (Baustelle)

Einheit:　　　　　　　　　**Baustoff:**

Liter (l)　　　　　　　　　　　Beton
　　　　　　　　　　　　　　　Zement
Kilogramm (kg)　　　　　　　　Putz
　　　　　　　　　　　　　　　Stahlstützen
Tonne (t)　　　　　　　　　　 Holzträger
　　　　　　　　　　　　　　　Mattenstahl
Stück (st)　　　　　　　　　　Stabstahl
　　　　　　　　　　　　　　　Ziegelsteine
Quadratmeter (m²)　　　　　　 Mörtel
　　　　　　　　　　　　　　　Sand
Kubikmeter (m³)　　　　　　　 Schaltafeln

a Was ist richtig? Kreuzen Sie an.

　　　　　　　　　　　　　　　　　　　　　　　　　　　　　　　　　　　　richtig

1　Alle Materialien kommen am 15.10.20.. . ☐
2　Die Firma „Schmitz-Bau" bringt die Baustoffe zur Baustelle. ☐
3　Das Material muss man mit einem Bauaufzug in das erste Stockwerk des Rohbaus transportieren. ☐
4　Wenn die Lieferung kommt, können Fußgänger den Fußweg nicht benutzen. ☐
5　Man muss mit seiner Unterschrift bestätigen, dass das Baumaterial angekommen ist. ☐

b Was brauchen Sie auf Ihrer Baustelle? Ergänzen Sie den Materialschein.

Anforderung	Material-/Lieferschein				
Absender:			Empfänger		
Anzahl	Einh.		Bezeichnung / Artikel	Abmessungen	Liefertermin
Bemerkung:					
Datum: _____　Unterschrift: _____　Tel.: _____					

Schritte plus im Beruf

Deutsch für Maurerinnen und Maurer (Baustelle)

5 Die Ausrüstung

a **Wie heißt das? Ordnen Sie die Wörter zu.**

> der Helm, -e • der Sicherheitsschuh, -e • der Gehörschutz • der Schutzhandschuh, -e
> der Feuerlöscher, - • die Schutzbrille, -n

_____ _____ _____

_____ _____ _____

b **Was tragen Sie auf der Baustelle? Erzählen Sie.**

**6 Ihre Partnerin / Ihr Partner zeichnet einen Gebäudetyp. Sie raten, was das ist.
Danach wechseln Sie die Rollen.**

(das) Reihenhaus   (das) Hochhaus   (das) Mehrfamilienhaus   ?

(das) Doppelhaus   (das) Einfamilienhaus   (die) Garage   (das) Bürogebäude

Schritte plus im Beruf

Deutsch für Mitarbeiterinnen und Mitarbeiter an der Rezeption

1 In der Hotellobby. Ordnen Sie die Wörter zu. Arbeiten Sie auch mit dem Wörterbuch.

---

der Aschenbecher, - • das Anmeldeformular, -e • der Aufzug, ⸚e / der Lift, -e
der Brief, -e / das Fax, -e • der Computer, - • die (Computer-)Maus • die Drehtür, -en
die Informationsbroschüre, -n • der Kleidersack, ⸚e • der Koffer, - • der Kofferwagen, -
der Kugelschreiber, - • das Postablagefach, ⸚er • die Reisetasche, -n
der Rechnungsblock, ⸚e • die Rezeption • die Sitzecke, -en • das Schlüsselbrett, -er
der Schlüssel, - • das Telefon, -e • die Treppe, -n

Schritte plus im Beruf

Deutsch für Mitarbeiterinnen und Mitarbeiter an der Rezeption

2 Die Anreise

a Was sagt die Rezeptionistin / der Rezeptionist (R)? Was sagt der Gast (G)?
Lesen Sie und ergänzen Sie.

> Ja, hier bitte. ®
> Das freut uns. Darf ich bitte Ihren Pass und Ihren Hotelgutschein sehen? ☐
> Danke sehr! Ⓖ
> In Ihrem Zimmer gibt es einen kleinen Safe. Möchten Sie den mieten? ☐
> Herzlich willkommen im Park-Hotel! Hatten Sie eine gute Reise? ☐
> Einen Moment, bitte. So, hier sind die Pässe und unser Gutschein. ☐
> Danke sehr! Würden Sie dann bitte dieses Anmeldeformular ausfüllen? ☐
> Wunderbar. Eine Frage: Wo können wir denn unsere Wertsachen aufbewahren? ☐
> Ja, danke, wir hatten einen sehr schönen Flug. Und der Transfer zum Hotel hat auch sehr gut geklappt. ☐
> Im vierten. Sie haben das Zimmer 412. Ich sehe einmal nach, ob Ihr Zimmer schon fertig ist. ... Ja, das ist es. Hier ist Ihr Schlüssel. Der Aufzug ist dort auf der linken Seite.
> Wir wünschen Ihnen einen angenehmen Aufenthalt! ☐
> Natürlich. Hätten Sie einen Stift für mich? ☐
> Ja, bitte. Das wäre gut. In welchem Stock ist denn unser Zimmer? ☐

b Ordnen Sie das Gespräch aus a. Lesen Sie es dann mit Ihrer Partnerin / Ihrem Partner.

Schritte plus im Beruf

Deutsch für Mitarbeiterinnen und Mitarbeiter an der Rezeption

Schritte plus im Beruf

Deutsch für Mitarbeiterinnen und Mitarbeiter an der Rezeption

3 Arbeiten Sie mit einer Partnerin / einem Partner. Sehen Sie das Bild an. Stellen Sie Fragen und geben Sie Auskunft. Die Redemittel unten helfen Ihnen dabei. Tauschen Sie auch die Rollen.

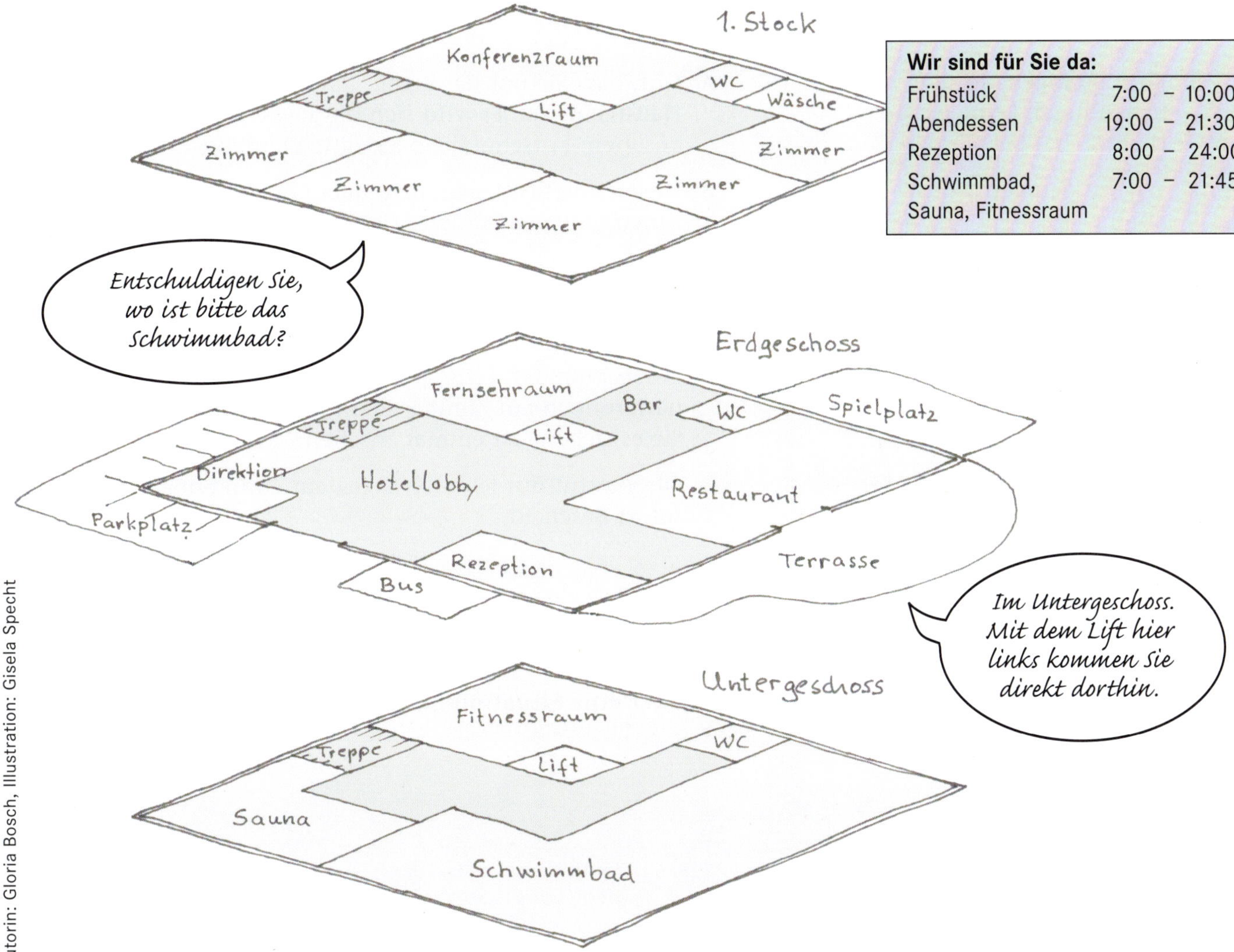

1. Stock: Konferenzraum, Treppe, Lift, WC, Wäsche, Zimmer, Zimmer, Zimmer, Zimmer, Zimmer

Wir sind für Sie da:	
Frühstück	7:00 – 10:00
Abendessen	19:00 – 21:30
Rezeption	8:00 – 24:00
Schwimmbad, Sauna, Fitnessraum	7:00 – 21:45

Entschuldigen Sie, wo ist bitte das Schwimmbad?

Erdgeschoss: Fernsehraum, Treppe, Lift, Bar, WC, Spielplatz, Direktion, Hotellobby, Restaurant, Parkplatz, Bus, Rezeption, Terrasse

Im Untergeschoss. Mit dem Lift hier links kommen Sie direkt dorthin.

Untergeschoss: Fitnessraum, Treppe, Lift, WC, Sauna, Schwimmbad

Gast:

Hat das Hotel einen / eine / ein …?
Gibt es hier einen / eine / ein …?
Kann man hier denn auch …?
Wo ist bitte der / die / das …?

Wann ist bitte der / die / das … geöffnet?
Von wann bis wann … / Bis wann
kann man / gibt es bitte …?

Rezeptionist/-in:

Ja, natürlich. / Selbstverständlich.
Der / Die / Das … ist / befindet sich /
finden Sie im ersten Stock /
im Untergeschoss / im Erdgeschoss.

Der / Die / Das … ist (von …) bis … geöffnet.
Der / Die / Das … gibt es (von) … bis … /
zwischen … und …Uhr.

Schritte plus im Beruf

Deutsch für Mitarbeiterinnen und Mitarbeiter an der Rezeption

4 Bitten und Beschwerden

a Was antworten Sie? Ordnen Sie zu.

Gast:

1 Entschuldigen Sie, aber wir haben heute keine frischen Handtücher bekommen.
2 Wir würden gerne unser Zimmer wechseln. Ist das möglich?
3 Das Licht in unserem Zimmer funktioniert nicht.
4 Würden Sie mich bitte morgen früh um Viertel nach sieben wecken?
5 Haben Sie für heute Nacht noch ein Doppelzimmer frei?

Rezeptionist/-in:

A Gut, dass Sie uns das sagen. Ich rufe sofort unseren Haustechniker. Er wird sich die Sache gleich einmal ansehen. Entschuldigen Sie bitte vielmals.
B Unser Hotel ist leider ausgebucht, aber wir können Ihnen gerne ein anderes Hotel in der Nähe empfehlen.
C Aber gerne. Um sieben Uhr fünfzehn sagten Sie? Würden Sie mir auch noch einmal Ihren Namen und Ihre Zimmernummer geben?
D Einen Moment, bitte. Ich sehe einmal nach. Ja, wir hätten noch ein Zimmer Richtung Süden. Möchten Sie es sich zuerst einmal ansehen?
E Oh, das tut mir leid. Ich sage dem Zimmermädchen sofort Bescheid.

1	2	3	4	5

b Wählen Sie mit Ihrer Partnerin / Ihrem Partner eine Situation aus a aus. Spielen die Situation zu Ende.

Schritte plus im Beruf

Deutsch für Mitarbeiterinnen und Mitarbeiter an der Rezeption

5 Die Abreise. Ergänzen Sie das Gespräch.

> Hat es Ihnen denn bei uns gefallen? • Aber sicher. Sie können es hier abstellen. Haben Sie noch einen Wunsch? • Kann ich sonst noch etwas für Sie tun? • Gerne, das mache ich sofort. Dann wünsche ich Ihnen noch einen schönen Vormittag, Herr Lang. • Selbstverständlich. Sagen Sie mir bitte Ihren Namen und Ihre Zimmernummer?

• Guten Morgen. Könnten Sie bitte meine Rechnung fertig machen? Ich reise nämlich heute Mittag ab.

▽ _____

_____?

• Mein Name ist Lang. Und die Zimmernummer war die 240.

▽ Vielen Dank. _____

_____?

• Ja, sehr gut. Vielen Dank. Der Aufenthalt bei Ihnen war sehr angenehm.

▽ Das freut uns. _____

_____?

• Ja, ich muss erst um 13 Uhr Richtung Flughafen losfahren. Könnte ich vielleicht bis dahin mein Gepäck bei Ihnen abstellen?

▽ _____

_____?

• Oh ja. Würden Sie mir bitte ein Taxi für 13 Uhr bestellen?

▽ _____

_____.

• Danke sehr. Bis später dann.

Schritte plus im Beruf

Deutsch für Reinigungskräfte

1 Der Reinigungswagen

a Sehen Sie das Bild an und ordnen Sie die Wörter zu. Arbeiten Sie auch mit dem Wörterbuch.

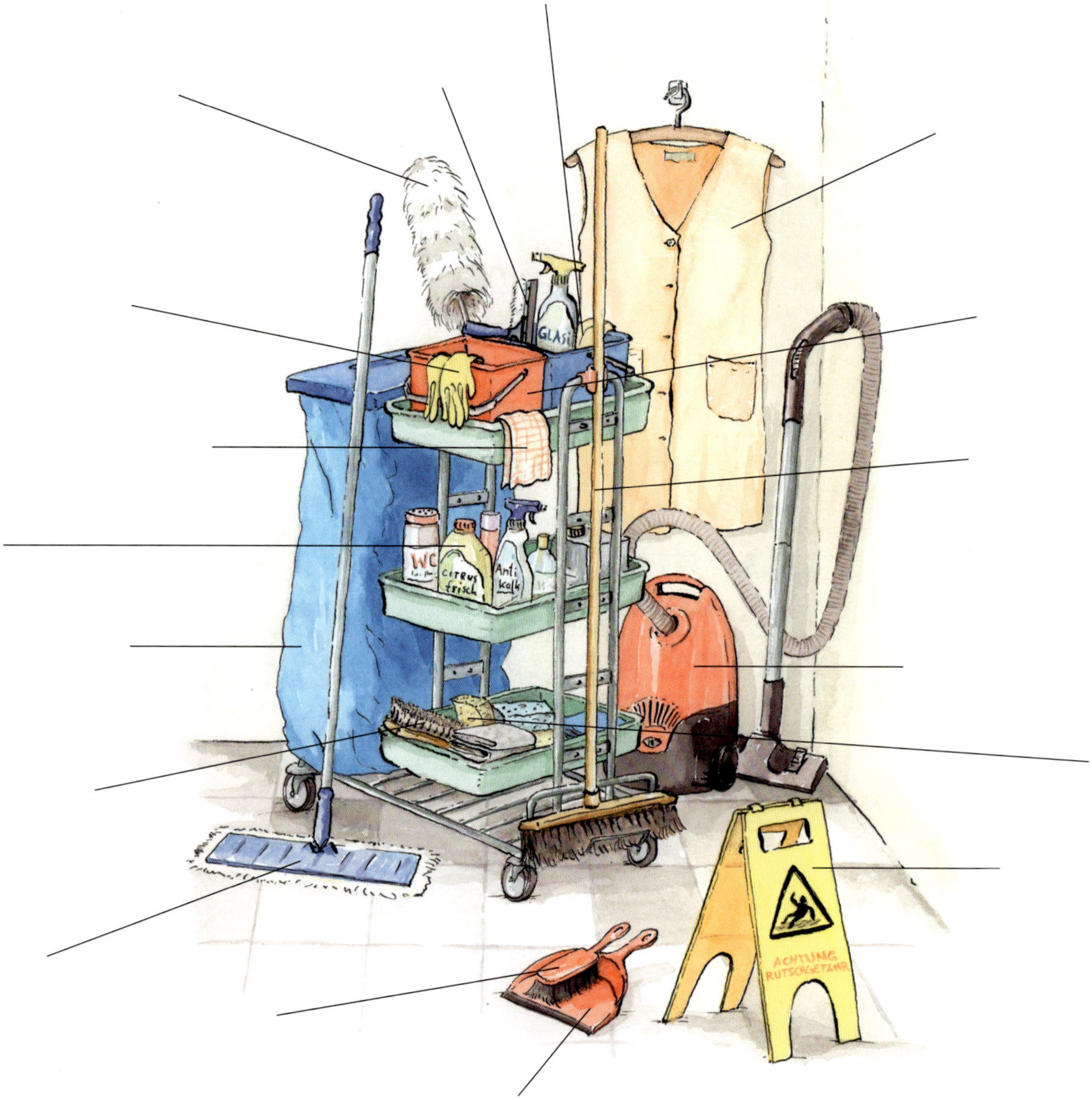

---

der Putzeimer, - • das Putztuch, ⸚er / der Lappen, - • das Putzmittel / das Reinigungsmittel, -
das Warnschild, -er • der Wischmopp, -s • das Fensterleder, - • der Staubsauger, -
der Staubwedel, - • der Besen, - • die Bürste, -n • der Schwamm, ⸚e
der Gummihandschuh, -e • der Müllsack, ⸚e • die Kehrschaufel, -n
der Kehrbesen, - / der Handbesen, - • der Fensterabzieher, - • der Kittel, -

– 82 –

Schritte plus im Beruf

Deutsch für Reinigungskräfte

b Was machen Sie damit? Ordnen Sie zu.

Sie haben ...

einen Eimer mit Wasser, einen Wischmopp und Putzmittel.

einen Besen, eine Kehrschaufel und einen Handbesen.

einen Müllsack.

Wasser und einen Fensterabzieher / ein Fensterleder.

einen Staubsauger.

einen Staubwedel.

Gummihandschuhe, einen WC-Reiniger, eine Bürste und einen Lappen.

einen Schwamm, Wasser und Spülmittel.

Dann können Sie ...

Geschirr spülen.

Staub wischen.

den Boden nass wischen.

Staub saugen.

die Mülleimer leeren.

die Fenster putzen.

kehren.

die Sanitäranlagen (WC, Waschbecken etc.) reinigen.

2 Lesen Sie den Arbeitsplan der Reinigungsfirma August und kreuzen Sie an: richtig oder falsch?

Raum	kehren	nass wischen	Staub saugen	Abfall-eimer und Papierkörbe leeren / reinigen	Staub wischen	Fenster putzen / schließen	Büro-möbel reinigen	Seifen- und Hand-tuch-spender befüllen
Büros & Flure			5	5 / B	3	J6 / B	1	
Sanitär-anlagen & Tee-küchen		5		5				5
Lager	M2							

Legende: 1 = einmal pro Woche (Freitag)
3 = drei Mal pro Woche (Montag, Mittwoch, Freitag)
5 = fünf Mal pro Woche (Montag bis Freitag)
B = bei Bedarf (das bedeutet: wenn es nötig ist)
M2 = zwei Mal pro Monat
J6 = sechs Mal im Jahr

Schritte plus im Beruf

Deutsch für Reinigungskräfte

	richtig	falsch
a Die Reinigungskräfte von der Firma August saugen die Büros an jedem Wochentag.	☐	☐
b Abfalleimer und Papierkörbe leeren die Putzkräfte an jedem Arbeitstag. Bei Bedarf reinigen sie sie auch.	☐	☐
c Alle sechs Monate putzen die Reinigungskräfte die Fenster.	☐	☐
d Die Sanitäranlagen müssen die Putzkräfte nur bei Bedarf nass wischen.	☐	☐
e In den WCs gibt es manchmal keine Seife und Handtücher.	☐	☐
f Alle 14 Tage kehren die Reinigungskräfte das Lager.	☐	☐
g Jeden Freitag wischen die Putzkräfte in den Büros Staub.	☐	☐
h Die Büromöbel werden nicht so leicht schmutzig. Eine Reinigung pro Monat ist genug.	☐	☐

3 Putzmittel

a Welches Putzmittel passt? Ergänzen Sie. Arbeiten Sie auch mit dem Wörterbuch.

- ☐ Die Spiegel im Bad sind schmutzig.
- ☐ Der Teppich sieht nicht sauber aus, er hat Flecken.
- ☐ F ☐ Das Wasser im WC läuft nicht mehr ab. Es ist verstopft.
- ☐ Der Boden ist aus Holz.
- ☐ Der Schmutz in der Badewanne geht sehr schlecht weg.
- ☐ Die Möbel sollen glänzen.
- ☐ Sie möchten ein Putzmittel für alles.
- ☐ Im WC darf es keine Bakterien geben, es muss keimfrei sein.

A der Allzweckreiniger   E der Glasreiniger
B die Möbelpolitur   F der Abflussreiniger
C die Scheuermilch / das -pulver   G der Teppichschaum
D das Parkettpflegemittel   H das Desinfektionsmittel

Schritte plus im Beruf

Deutsch für Reinigungskräfte

b Was bedeuten die Symbole? Ordnen Sie zu.

A	[Symbol F+ Flamme]	= hoch- oder leichtentzündlich
B	[Symbol X]	= reizend oder gesundheitsschädlich
C	[Symbol ätzend]	= ätzend
D	[Symbol T+ Totenkopf]	= giftig
E	[Symbol Baum]	= umweltgefährlich

Ein Produkt mit diesem Symbol

… ist für Pflanzen und Tiere giftig.
Man darf es nicht in den normalen Müll werfen. ☐

… ist sehr giftig. Wenn man es einatmet, verschluckt
oder es auf die Haut kommt, kann man sterben. ☐

… kann leicht Feuer fangen. In seiner Nähe darf man nicht rauchen. ☐

… darf man nicht in die Augen bekommen,
denn dann werden sie rot und man sieht nicht mehr so gut. `B`

… macht die Haut und anderes Gewebe kaputt.
Man sollte Schutzhandschuhe und eine Schutzbrille tragen, wenn
man dieses Mittel benutzt. ☐

4 Wo arbeiten Sie? Was müssen Sie dort machen? Erzählen Sie.

Ich arbeite / putze in einem privaten Haushalt / Krankenhaus / Hotel / Büro / … .
                in einer Arztpraxis / … .

Ich muss … / Meine Aufgaben sind: … .

Ich benutze oft Desinfektionsmittel / … .

Schritte plus im Beruf

Deutsch für Taxifahrerinnen und Taxifahrer

1 Am Taxistand

a Sehen Sie das Bild an und ordnen Sie die Wörter zu. Arbeiten Sie auch mit dem Wörterbuch.

> das Armaturenbrett • der Blinker, - • das Brems- / Gaspedal, -e • der (Bei-)Fahrersitz, -e
> das Gepäckstück, -e • die Handbremse, -n • die Kilometerstandsanzeige • der Kofferraum, ⸚e
> der Schalthebel, - • das Lenkrad, ⸚er • das Navigationsgerät, -e • das Nummernschild, -er
> der Rückspiegel, - • der Taxistand, ⸚e • das/der Taxameter, - • der Taxifunk • der Reifen, -
> der Seitenspiegel, - • der Sicherheitsgurt, -e • die (Windschutz-/Fenster-)Scheibe, -n
> der Tank • die Tankanzeige

Schritte plus im Beruf

Deutsch für Taxifahrerinnen und Taxifahrer

b Los geht's! Was passt? Ordnen Sie zu.

1	den ersten Gang	A	sprechen
2	das Navigationsgerät / das Taxameter	B	anschnallen
3	über das Fahrziel	C	treten
4	ins Taxi	D	sehen
5	die Kupplung	E	geben
6	Gas	F	setzen
7	das Gepäck in den Kofferraum	G	einlegen
8	die Handbremse	H	starten
9	in den Rück- / Seitenspiegel	I	lösen
10	den Blinker	J	tun (stellen, legen)
11	sich (mit dem Sicherheitsgurt)	K	steigen
12	den Motor	L	einschalten

1	2	3	4	5	6	7	8	9	10	11	12
G											

c Was machen Sie zuerst, was dann? Sprechen Sie.

Also, zuerst tue ich das Gepäck in den Kofferraum. Dann … .

Schritte plus im Beruf

Deutsch für Taxifahrerinnen und Taxifahrer

2 Fragen und Antworten

a Was passt? Ordnen Sie zu.

Sind Sie frei?	Ja, es gibt einen guten Italiener fünf Minuten von hier. Soll ich Sie hinfahren?
506, können Sie einen Fahrgast in der Aribostraße 2 abholen? Er wartet schon und möchte zum Hafen.	Das geht leider nicht. Die Höchstgeschwindigkeit ist hier 80 Kilometer pro Stunde
Könnten Sie mich bitte hier rauslassen?	Nein, das Taxi ist leider schon besetzt.
Hier sind zehn Euro, der Rest ist für Sie.	Einverstanden, in zehn Minuten bin ich da.
Könnten Sie bitte etwas schneller fahren? Mein Zug geht in zehn Minuten.	Hier darf ich nicht halten. Ich kann Sie aber gerne da vorne rauslassen.
Eine Frage: Kennen Sie ein gutes Restaurant hier in der Nähe?	Ich bedanke mich und wünsche noch einen schönen Tag!

b Arbeiten Sie mit Ihrer Partnerin / Ihrem Partner. Lesen Sie die Fragen und antworten Sie. Die Tabelle mit den Taxitarifen hilft Ihnen.

- Entschuldigen sie, darf ich hier rauchen?
- Nein, tut mir leid, ...
- Können Sie mir sagen, wie viel die Mitnahme von einem Kinderwagen kostet?
- Ich muss dringend etwas auf der Bank erledigen. Das Ganze dauert wahrscheinlich eine knappe Stunde. Was kostet es, wenn Sie auf mich warten?
- Ist das Gepäck im Preis inbegriffen?
- Eine Frage, bitte: Ich habe einen Hund dabei. Darf er mit? Er ist auch ganz brav.
- Muss ich für den Rollstuhl extra bezahlen?
- ?

Schritte plus im Beruf

Deutsch für Taxifahrerinnen und Taxifahrer

WERKTAGS		**WOCHENENDE UND FEIERTAGE**	
06:00 – 21:00 h		**0 – 24h**	
Grundpreis	1,80 €	Grundpreis	2,35 €
die ersten 2,0 km je km	1,60 €	die ersten 2,0 km je km	1,60 €
Wartepreis je Stunde	14,70 €	Wartepreis je Stunde	15,95 €
Taxifunk	0,50 €	Taxifunk	1,25 €

ZUSCHLÄGE

Werktags ab 21:00 Uhr	Gepäckstück im Kofferraum	Tiere	Flughafen
0,40 €	0,50 €	0,50 €	2 €

KOSTENLOS

Blindenhund   Rollstuhl   Kinderwagen   Rechnungsausstellung

FAHRGASTRECHTE

Streckenwahl
Heizung im Winter / Klimaanlage im Sommer
Gepflegtes Fahrzeug
Rauchfreies Fahrzeug
Beschwerdebuch

Mehmet Akin hat gerade einen kranken Fahrgast von der Tassilostraße ins Städtische Krankenhaus gefahren. Die Fahrt plus 7% Mehrwertsteuer hat 25 Euro gekostet. Die Taxinummer ist 45.

3   Ergänzen Sie die Quittung.

FAHRPREISQUITTUNG

____ Stadtfahrt   ____ Besorgungsfahrt
____ Krankenfahrt   ____ Schülerfahrt

Raschtax BetriebsGmbH
Bahnhofstraße 120
Düsseldorf, Taxi-Nr. _____

Fahrpreis _____ €. MwSt mit _____ ist enthalten.

Von _____ bis _____.

Düsseldorf, den _____   Unterschrift: _____

www.Raschtax.de

Schritte plus im Beruf

Deutsch für Taxifahrerinnen und Taxifahrer

4 In der Taxizentrale

a Ergänzen Sie das Gespräch.

> Gut, das Taxi ist dann um 5 Uhr 30 bei Ihnen. Wie war noch einmal Ihr Name? • Und um wie viel Uhr geht Ihr Flugzeug? • Herr Berg, geben Sie mir doch bitte zur Sicherheit Ihre Telefonnummer. Wie ist die Adresse, bitte? • 0161 593 0594. Geht in Ordnung. Vielen Dank und auf Wiederhören.

Guten Tag, Berg hier. Ich hätte gerne für morgen früh ein Taxi zum Flughafen.

_____

Amalienstraße 17, dritter Stock.

_____

Moment, ich sehe noch einmal nach ... Ah ja, um 6 Uhr 55.

_____

_____

Berg. Anton Berg.

_____

_____

Mobil erreichen Sie mich unter 0161 593 0594.

_____

_____

Auf Wiederhören.

Schritte plus im Beruf

Deutsch für Taxifahrerinnen und Taxifahrer

b Rollenspiel. Spielen Sie die Telefongespräche.

Fahrgast:

Sie rufen bei der Taxizentrale an.
Sie brauchen ein Taxi zum Hotel Rose.

Sie wohnen in der Goethestraße 3.
Sie brauchen für 18 Uhr ein Taxi zum Restaurant „Alter Wirt".

Ein paar Leute wollen von der Diskothek „Nightlife" in den Stadtteil Westend. Funken Sie an alle Taxifahrer. Ist jemand in der Nähe der Diskothek? Schicken Sie das Taxi hin.

Taxizentrale:

Sie haben im Moment kein Taxi frei.
Sie fragen nach der Telefonnummer.
Sie rufen in fünf Minuten zurück.

Bestätigen Sie die Fahrt. Das Taxi hat die Nummer 306.

Über Funk hören Sie: Ein Taxi soll zur Diskothek „Nightlife" kommen. Sie sind gerade in der Nähe und können in 10 Minuten da sein.

5 Was bedeuten die Verkehrszeichen? Ergänzen Sie.

 a    b    c    d    e

 f    g    h    i    j

☐ Hier darf man nur geradeaus fahren oder rechts abbiegen.
☐ Überholen verboten!
☐ Achtung! Schnee- oder Eisglätte!
☐ Wenden verboten!
☐ Hier muss man Vorfahrt gewähren.
☐ Der Gegenverkehr muss warten.
☐ Halten verboten!
☐ Parken nur mit Parkscheibe erlaubt.
☐ Stau!
☐ Hier muss man mindestens 30 km/h fahren.

Schritte plus im Beruf

Deutsch für Verkäuferinnen und Verkäufer

1 Am Verkaufsstand

a Sehen Sie das Bild an. Ordnen Sie die Wörter zu. Arbeiten Sie auch mit dem Wörterbuch.

---

der Apfel, ⸚ • der Aufschnitt • die Banane, -n • das Brot, -e • der Essig, -e
die Aufschnittmaschine, -n • das Frischhaltepapier • die Gurke, -n • der Honig, -e
die Kartoffel, -n • der Käse • die Kasse, -n • der Korb, ⸚e • das Öl, -e • die Marmelade, -n
das Messer, - • der Salat, -e • die Tafel, -n mit den Sonderangeboten • die Tomate, -n
die (Papier-)Tüte, -n • die Paprika, -s • der Schinken, - • das Schneidebrett, -er
der Verkaufsstand, ⸚e • die Vitrine, -n • die Waage, -n • die Wurst, ⸚e

Schritte plus im Beruf

Deutsch für Verkäuferinnen und Verkäufer

b Was passt? Ergänzen Sie. Das Bild hilft Ihnen dabei.

Ich hätte gerne …

100 Gramm (g) _____
eine Kiste/eine Steige   *Äpfel*_____
ein (kleines/großes) Stück _____
ein Glas _____
eine Flasche _____
ein Kilo (kg) _____
ein halbes Pfund (250 Gramm) _____

c Ordnen Sie zu.

Dann nehme ich noch …

einen Becher   Butter
zwei Kilo (kg)   Schokolade
ein Päckchen   Joghurt
eine Packung   Thunfisch
eine Dose   Kaffee
eine Tafel   Kartoffeln
eine Tüte   Kartoffelchips

2 Was Verkäuferinnen und Verkäufer machen. Lesen Sie und ergänzen Sie.

> bestellen • wiegen (gewogen) • schneiden • einpacken • kassieren • probieren lassen
> Reklamationen/Beschwerden entgegennehmen • empfehlen

a Sag mal, könntest du mir bitte das Frischhaltepapier geben? Ich muss die Wurst und den Käse _____.

b Wie viel Gramm sind sechs Scheiben Schinken?
Einen Moment, das kann ich erst sagen, wenn ich ihn _____ habe.

c Diesen Käse meinen Sie? Selbstverständlich _____ ich Sie davon _____.

d Also, diesen Essig kann ich Ihnen _____: Er ist nicht zu mild, aber auch nicht zu scharf.

e Möchten Sie den Käse am Stück oder soll ich ihn in Scheiben _____?

f Tut mir leid. Das haben wir leider nicht mehr da. Das müsste ich erst wieder _____.

g Sie möchten bezahlen? Einen Moment, ich komme gleich und _____.

h Geben Sie dem Kunden immer nur gute Ware! Denn sonst müssen Sie später _____ und das ist sehr unangenehm!

Schritte plus im Beruf

Deutsch für Verkäuferinnen und Verkäufer

3 Ordnen Sie die Redemittel zu.

> Haben Sie sonst noch einen Wunsch? • Dieser … / Diese … / Dieses … ist im Angebot. Möchten Sie vielleicht einmal davon probieren? • Zahlen Sie bar oder mit Karte? • Möchten Sie vielleicht auch noch … ? • Sie wünschen? • Heute kann ich Ihnen besonders diesen … / diese … / dieses … empfehlen. Darf ich Ihnen etwas davon zu probieren geben? • Sind Sie einverstanden, wenn ich … ? Kann ich Ihnen helfen? • Das macht … . • Womit kann ich Ihnen behilflich sein? Darf es auch ein bisschen mehr sein?

Sie fragen den Kunden nach seinen Wünschen.	Sie möchten dem Kunden noch mehr verkaufen.	Sie fragen den Kunden nach seinem Einverständnis.	Sie möchten beim Kunden kassieren.
Was kann ich für Sie tun?	*Kann ich sonst noch etwas für Sie tun?*	*Macht es Ihnen etwas aus, wenn es etwas mehr ist?*	*Das kostet … .*

4 Arbeiten Sie mit Ihrer Partnerin / Ihrem Partner und spielen Sie die Gespräche. Die Redemittel aus 3 helfen Ihnen dabei.

Verkäuferin / Verkäufer:

> Fragen Sie die Kundin / den Kunden nach seinen Wünschen.
>
> Sie haben etwas zu viel Käse aufgeschnitten. Ist das ein Problem für die Kundin / den Kunden?
>
> Empfehlen Sie auch das Olivenöl. Es ist heute im Angebot.
>
> Leider kann man an Ihrem Stand nicht mit Karte bezahlen.

Kundin / Kunde:

> Sie möchten Wurst und Käse kaufen, möchten aber auch gerne probieren.
>
> 120 Gramm und nicht 100 Gramm? Das ist nicht so schlimm.
>
> Olivenöl haben Sie gestern schon gekauft.
>
> Sie haben zu wenig Geld dabei.

Schritte plus im Beruf

Deutsch für Verkäuferinnen und Verkäufer

Verkäuferin / Verkäufer:

Sie haben heute frischen Fisch bekommen.
Dazu passen Kartoffeln gut und vielleicht auch ein ... oder ... .
Hat die Kundin / der Kunde noch Wünsche?

Kundin / Kunde:

Was sollen Sie heute kochen? Vielleicht hat die Verkäuferin / der Verkäufer einen Tipp.
Was kann man denn noch dazu essen?
Sie brauchen noch etwas für das Frühstück.

**5 Ordnen Sie die Antworten zu. Spielen Sie dann selbst Gespräche.
Empfehlen Sie Ihrer Partnerin / Ihrem Partner eine Spezialität aus Ihrem Land.**

Kundin / Kunde:

Was ist denn das für eine Wurst, bitte?

Ja, richtig, die rote.

Aha. Und was für Fleisch ist das?

Verstehe. Und wie isst man sie?

Interessant. Ist sie denn sehr scharf?

Nun, dann probiere ich mal die scharfe. Bitte geben Sie mir ein kleines Stück.

Verkäuferin / Verkäufer:

Die *Sobrassada* ist aus Schweinehackfleisch. Sie ist mit Paprika gewürzt. Deshalb ist sie auch so rot.

Man isst sie als Brotaufstrich. Wenn Sie möchten, können Sie sie aber auch kurz grillen und dann aufs Brot streichen.

Das kommt darauf an. Sie können die *Sobrassada* in drei Varianten haben: mild, mittel oder scharf.

Gerne. Ist es so recht? Ja? Das macht dann ...

Welche meinen Sie? Diese hier?

Das ist eine *Sobrassada*, eine Wurstspezialität aus Mallorca.

6 Was bedeuten die Wörter und Wendungen? Ordnen Sie zu.

Die Ware ist
a noch vorrätig.
b vom Umtausch ausgeschlossen.
c nicht mehr lieferbar.
d schlecht / schadhaft.
e gerade frisch eingetroffen.

1 Die Qualität der Ware ist nicht gut.
2 Die Ware ist gerade angekommen.
3 Die Ware gibt es noch.
4 Man kann die Ware nicht zurückbringen, wenn man damit nicht zufrieden ist.
5 Man kann die Ware nicht mehr bekommen.

a	b	c	d	e

Schritte plus im Beruf

Deutsch für Zimmermädchen und Roomboys

1 Im Hotel

a Sehen Sie das Bild an und ordnen Sie die Wörter zu. Arbeiten Sie auch mit dem Wörterbuch.

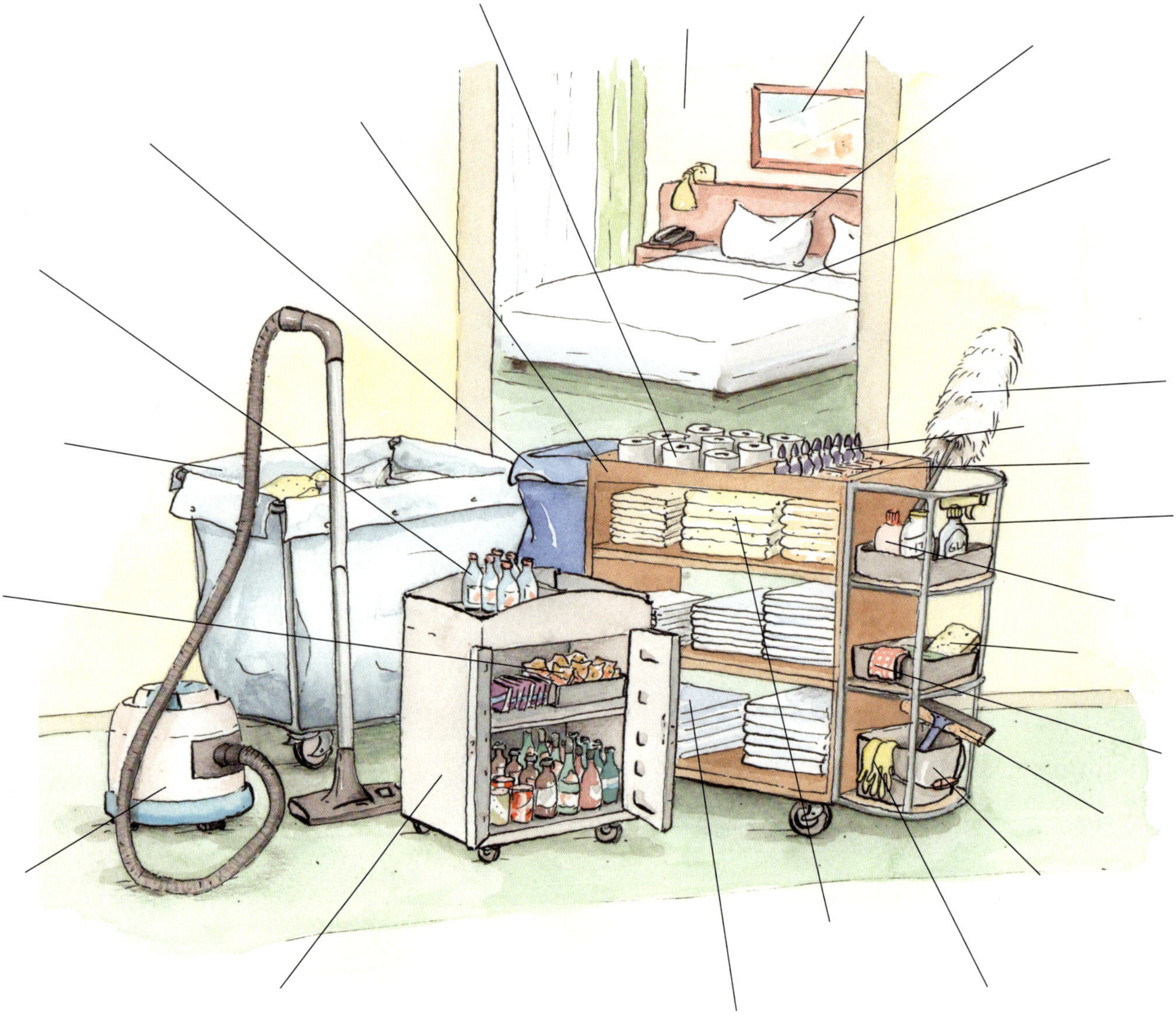

> die Bettwäsche • das Doppelzimmer, - • der Eimer, - • das Getränk, -e • der Glasabzieher, -
> der Glasreiniger, - • das Handtuch, ̈-er • das Haarshampoo, -s • der Handschuh, -e
> der Hotelwagen, - • der Hotelwäschesammler, - • das Kissen, - • das Laken, - • der Lappen, -
> der Minibarwagen, - • der Müllsack, ̈-e • das Putzmittel, - • der Schwamm, ̈-e • die Seife, -n
> der Snack, -s • der Spiegel, - • der Staubsauger, - • der Staubwedel, - • das Toilettenpapier

Schritte plus im Beruf

Deutsch für Zimmermädchen und Roomboys

b Welche Tätigkeit passt? Ordnen Sie zu.

1 Betten
2 Handtücher und Bettwäsche
3 die Minibar mit Snacks und Getränken
4 Spiegel und Glasflächen
5 Staub
6 die Sanitäranlagen (Waschbecken, Dusche und WC)
7 das Bad mit Toilettenpapier und Seife
8 Kleidung und Spielsachen
9 die Mülleimer
10 den Teppich

A wischen
B bestücken
C leeren
D aufräumen
E wechseln
F machen / frisch beziehen
G auffüllen
H saugen
I reinigen
J putzen

1	2	3	4	5	6	7	8	9	10
				A					

c Was machen Sie zuerst, was dann? Was müssen Sie täglich machen? Erzählen Sie.

Also, zuerst mache ich die Betten. Das muss ich natürlich jeden Tag machen. Dann ...

2 Lesen Sie den An- und Abreisezettel. Was ist richtig? Kreuzen Sie an.

Anreisen heute					Abreisen heute				
1.Etage	2.Etage	3.Etage	4.Etage	5.Etage	1.Etage	2.Etage	3.Etage	4.Etage	5.Etage
105		301	401	502	106	210	306	409	502
106	206	302	403	510	112	212	312	412	508
110	210	312	409	512			314	414	
		314							

　　　　　　　　　　　　　　　　　　　　　　　　　　　　　　　　　　r

a Die Zimmer 106, 210, 312, 314, 409 und 502 müssen Sie zuerst reinigen. ☐

b Das Zimmer 301 wird heute frei. ☐

c In der 5. Etage müssen Sie heute nur ein Zimmer reinigen. ☐

d In der 3. Etage werden vier Zimmer neu belegt. ☐

Schritte plus im Beruf

Deutsch für Zimmermädchen und Roomboys

3 Was passt? Ordnen Sie zu.

a Bitte stellen Sie ein Zusatzbett   die Handtücher.
b In Zimmer 105 fehlt ein   gibt es kein Toilettenpapier.
c Die Gäste in Zimmer 105 brauchen   ins Zimmer 412.
d In den Zimmern 510 und 512   ein Babybett.
e Bitte wechseln Sie in Zimmer 210   Aschenbecher.

4 Was für Mängel und Probleme sind das? Ordnen Sie zu.

1 Die Schranktür klemmt.   A Sie brennt nicht mehr.
2 Die Toilette ist verstopft.   B Aus dem Wasserhahn kommt etwas Wasser.
3 Der Wasserhahn tropft.   C Sie funktioniert nicht.
4 Die Klimaanlage ist defekt.   D Das Wasser fließt nicht ab.
5 Der Spiegel ist zerbrochen.   E Sie geht nicht mehr auf.
6 Die Glühbirne ist ausgebrannt.   F Er ist kaputtgegangen.

1	2	3	4	5	6

5 Die Gäste (G) haben Wünsche. Was sagt das Zimmermädchen (Z)? Ergänzen Sie.

> Das war unser Willkommensgeschenk für Sie. Leider bekommen Sie das nur an Ihrem ersten Tag.
> Sehen Sie doch bitte mal im Schrank nach. Da müsste noch eine liegen.
> Oh, das tut mir leid. Ich kümmere mich sofort darum. • Aber ja, ich bringe sie Ihnen sofort.
> Ja, selbstverständlich. Das mache ich sofort.

a **G:** Könnten Sie uns bitte ein zweites Kopfkissen bringen?
   Z: _____

b **G:** Hätten Sie noch eine Decke für uns?
   Z: _____

c **G:** Würden Sie uns bitte zwei Gläser bringen?
   Z: _____

d **G:** Entschuldigen Sie, aber in der Minibar ist kein Wasser.
   Z: _____

e **G:** Verzeihung, warum haben wir denn gestern und heute kein Obst bekommen?
   Z: _____

Schritte plus im Beruf  Lösungen

zu Seite 4 bis Seite 9: Deutsch für Altenpflegerinnen und Altenpfleger

1b

1	2	3	4	5	6	7	8	9	10
G	H	I	B	D	C	A	E	J	F

c

Altenpfleger/-innen *betreuen* (1) und pflegen alte Menschen. Sie unterstützen sie im täglichen Leben und *helfen* (2) ihnen bei der Körperpflege, beim Anziehen und beim Essen. Sie *verabreichen* (3) Medikamente und *begleiten* (4) die Senioren zum Arzt. In Seniorenwohnheimen oder Altenpflegeheimen *organisieren* (5) Altenpfleger/-innen für die Senioren auch Freizeitprogramme: Sie *spielen* (6) mit ihnen Gesellschaftsspiele, basteln, machen Gymnastik, *singen* (7) gemeinsam Lieder oder *gehen* im Garten *spazieren* (8). Bei der ambulanten Pflege *kommen* sie zu den Patienten *nach Hause* (9), auch nachts oder am Wochenende. Weil alte Menschen oft einsam oder traurig sind, müssen Altenpfleger auch viel Zeit und Geduld für Gespräche haben. Sie hören den Menschen zu und *trösten* (10) sie bei Sorgen und Problemen.

4

Gespräch 1 – Patientenzimmer   Gespräch 2 – Speiseraum   Gespräch 3 – Garten
Gespräch 4 – Behandlungszimmer   Gespräch 5 – Schwesternzimmer

5

sich nach dem Befinden erkundigen	Hilfe anbieten	Verständnis zeigen, trösten	Patienteninformationen austauschen
Wie geht es Ihnen heute?	Kann ich Ihnen behilflich sein?	Das ist doch nicht so schlimm.	Was haben Sie / hast du heute bei Frau / Herrn XY gemacht?
Haben Sie gut geschlafen?	Soll ich Ihnen helfen?	Morgen geht es Ihnen sicherlich wieder besser.	Haben Sie / Hast du schon …?
Wie fühlen Sie sich heute?	Brauchen Sie Hilfe?	Sie werden sehen: Das wird schon wieder.	Bei Frau / Herrn XY müssen wir noch …

6

A bettlägerig
B schweigsam
C gesellig / redselig
D einsam
E verwirrt / dement
F schwach / gebrechlich
G unternehmungslustig
H rüstig

Schritte plus im Beruf — Lösungen

zu Seite 10 bis Seite 14: Deutsch für Änderungsschneiderinnen und Änderungsschneider

1c

1	2	3	4	5	6	7	8	9	10
E	G	F	B	J	C	I	A	D	H

2

Ist die Hose zu eng oder der Anzug zu weit? Kein Problem für Änderungsschneider. Sie können Kleidungsstücke sowie andere Textilien wie Vorhänge oder Gardinen *ändern* (1). Zunächst *beraten* (2) sie ihre Kunden über die Änderungsmöglichkeiten. Dann *nehmen* sie dem Kunden *Maß* (3) und *stecken* Hosen, Röcke oder Kleider *ab* (4). Dann *kürzen* (5) sie die Länge oder *lassen* etwas Saum *heraus* (6). Kaputte Reißverschlüsse *trennen* Änderungsschneider *heraus* (7) und *nähen* neue *ein* (8). Bei den meisten Änderungsarbeiten benutzen Änderungsschneider die Nähmaschine. Manches machen sie aber auch per Hand, zum Beispiel schwierige Löcher *stopfen* (9). Zu den Aufgaben von Änderungsschneidern gehört es weiter, die Textilien zum Schluss sorgfältig zu *bügeln* (10) oder zu *dämpfen* (11). Häufig nehmen Änderungsschneider auch Bekleidung zur Reinigung entgegen. Sie geben die Kleidungsstücke an ein Textilpflegeunternehmen weiter und bekommen die gereinigten Stücke nach einigen Tagen wieder zurück.

3a

Gespräch 1: Eine Hose ist nach dem Ändern zu eng.
Gespräch 2: Ein Gardinenstoff ist beim Waschen eingelaufen.

4

A	B	C	D	E
Baumwolle	Lurex	Chiffon	Viskose	Leinen

a

Mein weißes Seidenkleid ist sehr *empfindlich*.
Leinen wird schnell *knittrig*.
Nach der Reinigung ist die Hose *sauber*.
Der Wollpullover ist *kratzig*.
Viskose und Seide sind *glänzend*.
Diese Bluse aus Chiffon ist fast *durchsichtig*.

Schritte plus im Beruf — Lösungen

zu Seite 15 bis Seite 21: Deutsch für die Bibliothek

1b

1	2	3	4	5	6	7	8
D	A	G	F	C	B	H	E

1c

In modernen Bibliotheken *arbeiten* (1) die Benutzer viel an Computerterminals. Mit Hilfe des Onlinekatalogs kann man zunächst einmal Bücher *suchen* (2) und bestellen. Das geht ganz einfach in drei Schritten:

Schritt 1: Autor und Name des Buches *eingeben* (3).
Schritt 2: So die Signatur *finden* (4).
Schritt 3: Die Signatur in das Bestellformular eingeben und das Buch *bestellen* (5).

Wenn ein anderer Bibliotheksbenutzer das Buch bereits *ausgeliehen hat* (6), kann man sich online *vormerken* (7) lassen. Das bedeutet, dass man das Buch dann bekommt, wenn es der andere Benutzer zurückgegeben hat.

Jeder Bibliotheksbenutzer kann sich in der Onlinedatenbank auch ein eigenes Benutzerkonto einrichten. Dort kann man sehen, wie viele Bücher man bereits ausgeliehen hat und wann die Leihfristen zu Ende gehen, also *ablaufen* (8). Wenn man ein Buch länger *behalten* (9) möchte, kann man die Leihfrist *verlängern* (10). Wenn man die Leihfrist bereits überschritten hat, muss man eine Mahngebühr *bezahlen* (11).

In der Onlinedatenbank kann man Aufträge an die Bibliothek auch bequem per Internet vom eigenen Computer zu Hause *abschicken* (12).

2

Autor/en: *Susanne Kalender, Barbara Gottstein-Schramm, Franz Specht*
Titel: *Schritte Übungsgrammatik*
Jahr: *2009*
Ort: *Ismaning*
Signatur: *GR 1704*
ISBN/ISSN: *978-3-19-301911-0*

Schritte plus im Beruf

 Lösungen

zu Seite 15 bis Seite 21: Deutsch für die Bibliothek

3

- die Ausleihfrist, -en → So lange kann man ein Buch ausleihen, zum Beispiel eine Woche oder vier Wochen.
- die Gebühr, -en → Man muss etwas bezahlen.
- die Mahngebühr → Wenn man ein Buch oder ein anderes Medium nicht rechtzeitig zurückgibt, bekommt man einen Brief von der Bibliothek. Das ist eine Mahnung und für diese Mahnung muss man etwas bezahlen.
- die Säumnisgebühr → Wenn man ein Buch oder ein anderes Medium zu spät zurückgibt, muss man etwas bezahlen.
- die Fernleihe → Manchmal muss man ein Buch aus einer anderen Bibliothek bestellen.

a

Richtig sind A, B, E und G. Falsch sind C, D, F und H.

4

a Sprachen
b Leben im Alter
c Pädagogik
d Biographien
e Verbraucherinfo
f Video und DVD
g Allgemeines, Nachschlagewerke
h Gesellschaft, Staat, Politik

Schritte plus im Beruf

zu Seite 22 bis Seite 25: Deutsch für das Büro (Sprechen)

1b

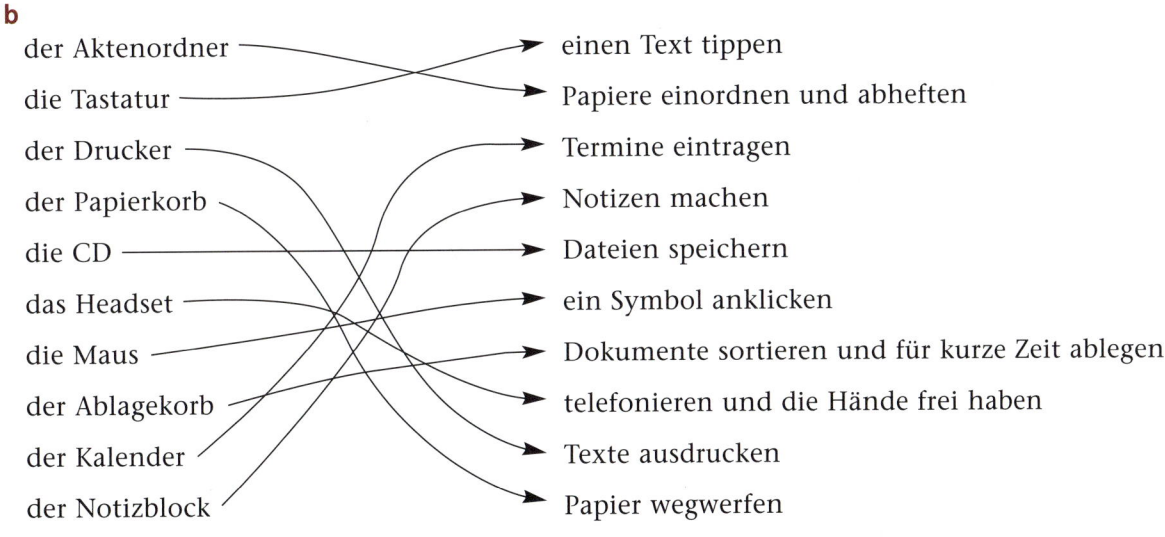

der Aktenordner — Papiere einordnen und abheften
die Tastatur — einen Text tippen
der Drucker — Texte ausdrucken
der Papierkorb — Papier wegwerfen
die CD — Dateien speichern
das Headset — telefonieren und die Hände frei haben
die Maus — ein Symbol anklicken
der Ablagekorb — Dokumente sortieren und für kurze Zeit ablegen
der Kalender — Termine eintragen
der Notizblock — Notizen machen

c

[4] Eine Bestellung.   [3] Ein Vertrag.   [1] Eine Rechnung.   [2] Eine Mahnung.

3

Sie melden sich und fragen höflich nach, was der Anrufer möchte.	Der Anrufer möchte nicht mit Ihnen sprechen. Sie leiten den Anruf weiter.	Der Anrufer kann seinen Gesprächspartner nicht sprechen. Sie bieten ihm Ihre Hilfe an.
Guten Tag, mein Name ist … . Was kann ich für Sie tun?	*Einen kleinen Moment, bitte. Ich verbinde Sie.*	*Tut mir leid. Bei Frau/Herrn … ist gerade besetzt. Darf ich Ihnen ihre/seine Durchwahl geben?*
Guten Tag, Sie sprechen mit … . Wie kann ich Ihnen helfen?	*Einen Augenblick. Ich stelle Sie durch.*	*Tut mir leid, Frau/Herr … ist im Moment nicht an ihrem/seinem Platz. Kann sie/er Sie zurückrufen?*
		Tut mit leid. Frau/Herr … ist gerade außer Haus. Kann ich ihr/ihm etwas ausrichten?
		Tut mir leid. Frau/Herr … ist leider im Moment nicht zu sprechen. Möchten Sie ihr/ihm eine Nachricht hinterlassen?

Schritte plus im Beruf  Lösungen

zu Seite 22 bis Seite 25: Deutsch für das Büro (Sprechen)

3a

- [1] Münchner Immobilien, guten Tag. Sie sprechen mit Frau Reitmeier. Wie kann ich Ihnen helfen?
- [2] Frau Reitmeier, guten Tag. Schober hier am Apparat. Ich hätte gern mit Frau Seibert gesprochen.
- [3] Tut mir leid, Herr Schober. Frau Seibert ist heute bis 12 Uhr außer Haus. Kann Frau Seibert Sie denn vielleicht so gegen 13 Uhr zurückrufen?
- [4] Ja, gerne. Das wäre nett. Meine Nummer hat sie ja.
- [5] Aber sicher. Ich richte Frau Seibert aus, dass sie Sie zurückrufen soll.
- [6] Vielen Dank, Frau Reitmeier. Auf Wiederhören.
- [7] Danke gleichfalls, Herr Schober. Auf Wiederhören.

3b

- + Contex Media, guten Tag. Mein Name ist Andrea Konrad. *Was kann ich für Sie tun?*
- ◆ Wolfgang Meierhöfer. Guten Tag. Ich würde gern mit Herrn Schonert sprechen.
- + Natürlich. Einen Moment, bitte. Ich *verbinde Sie. (kurze Pause)* Herr Meierhöfer? Bei Herrn Schonert *ist gerade besetzt. Möchten Sie ihm eine Nachricht hinterlassen*?
- ◆ Nein danke. Ich möchte Herrn Schonert gern persönlich sprechen.
- + *Darf ich Ihnen die Durchwahl geben?*
- ◆ Gern. Einen Moment, die notiere ich gleich ...
- + Sind Sie bereit? Sie erreichen Herrn Schonert unter der Nummer 382.
- ◆ 382 ... In Ordnung, danke. Dann versuche ich es später noch einmal. Auf Wiederhören.
- + *Auf Wiederhören*, Herr Meierhöfer.

Schritte plus im Beruf  Lösungen

zu Seite 26 bis Seite 30: Deutsch für das Büro (Schreiben)

1b
- Entschuldigen Sie, haben Sie einen Textmarker? Ich würde gerne die wichtigen Wörter im Text *markieren*.
- Ach, wie schreibt man das jetzt noch einmal … ? Kannst du mir bitte das Wörterbuch geben, ich muss mal ein Wort *nachschlagen*.
- Oh, nein, falsch … ! Na, ja zum Glück habe ich es ja mit Bleistift geschrieben und kann den Fehler leicht *wegradieren*.
- Oh je, mit den Buntstiften kannst du nicht mehr gut malen, die musst du erst einmal *spitzen*.
- Bitte *schneiden* Sie den unteren Teil des Formulars mit der Schere ab!
- Wenn man sich etwas merken muss, sollte man einen Zettel vom Haftnotizblock nehmen, die Information notieren und den Zettel an den Bildschirm *kleben*.
- Könnten Sie die Papiere bitte *lochen* und dann in den Ordner tun? Vielen Dank.
- Einzelne Blätter sollte man am besten mit Büroklammern oder dem Hefter *zusammenheften*.
- Haben Sie ein Lineal? Ich würde gerne ein paar wichtige Informationen *unterstreichen*.

2

- A Frau Hanke hat mir gesagt, ich soll …
- B In diesem Brief gibt es ein Formular zum Ausfüllen.
- C Unterschreiben Sie das Formular und schicken Sie es zurück.
- D Wenn Sie Fragen haben, beantworten wir diese gerne.
- E Eine Person schreibt und unterschreibt den Brief für eine andere Person.

2a

```
BA Versicherungen            der Absender
Lindenallee 5
60783 Frankfurt

Herrn                        der Adressat
Anton Schauer
Weilheimer Str. 26
81234 Starnberg

die Bezugszeichenzeile
Ihr Zeichen, Ihre Nachricht vom    Unser Zeichen, unsere Nachricht vom    Telefon, Name      Datum
                                   cz                                     069/ 459821-       4.2.20..
                                                                          560 Anna Czech

Ihre Unterlagen zur Haftpflichtversicherung    die Betreffzeile

Sehr geehrter Herr Schauer,    die Anrede

im Auftrag von Frau Hanke sende ich Ihnen heute die Unterlagen zu Ihrer
Haftpflichtversicherung zu. Bitte füllen Sie das beiliegende Formular aus und    der Text
senden Sie es unterschrieben an uns zurück.

Für weitere Fragen stehen wir Ihnen gerne zur Verfügung.

Mit freundlichen Grüßen        die Grußformel

BA Versicherungen              die Unterschrift
i.V.
Anna Czech

Unterlagen zur Haftpflichtversicherung    die Anlagen
Formular
```

– 105 –

Schritte plus im Beruf

zu Seite 26 bis Seite 30: Deutsch für das Büro (Schreiben)

b

Frau Czech arbeitet bei der Firma *BA Versicherungen*.
Sie schickt Herrn Schauer Unterlagen zur Haftpflichtversicherung und ein Formular.
Er soll das Formular unterschreiben und an die Firma *BA Versicherungen* zurücksenden.
Frau Hanke ist wahrscheinlich die Vorgesetzte / die Chefin von Frau Czech.
Am besten erreicht er Frau Czech telefonisch; ihre Nummer ist oben angegeben.

3

a Das Restaurant soll Frau Klein einen Prospekt schicken und ihr mitteilen, Zeile 5
   wie viel ein Essen für 50 Personen kosten würde.

b Wenn jemand vom Restaurant Sonne Fragen an Frau Klein hat, kann er sie anrufen Zeile 6
   oder ihr eine E-Mail schreiben.

c Die Firma Spiel & Buch GmbH plant für ihre Mitarbeiter eine Weihnachtsfeier. Zeile 3

d Die Firma Spiel & Buch kennt das Restaurant Sonne, weil eine Mitarbeiterin Zeile 2
   schon einmal davon erzählt hat. Dieser Mitarbeiterin hat es dort gut gefallen.

4 Zum Beispiel:

> Sehr geehrter Herr Meier,
>
> wir freuen uns, Sie als neues Mitglied in unserem Sportverein begrüßen zu dürfen.
>
> Mit diesem Schreiben schicke ich Ihnen Ihre Anmeldebestätigung und eine Kopie für Sie. Bitte senden Sie die Anmeldebestätigung unterschrieben an uns zurück.
>
> Für weitere Fragen stehen wir Ihnen natürlich gerne zur Verfügung.
>
> Mit freundlichen Grüßen

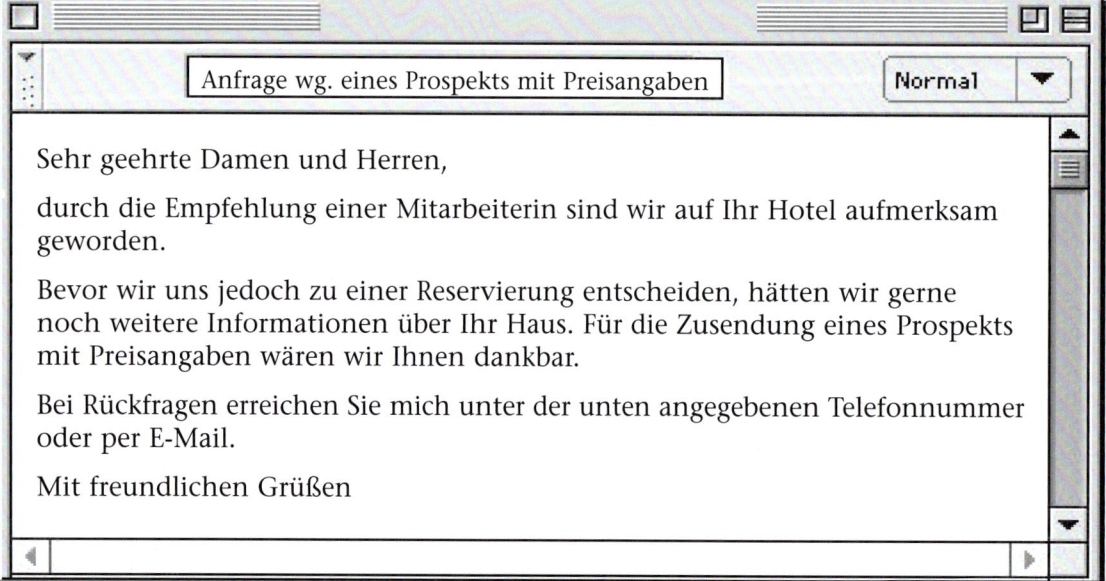

Schritte plus im Beruf — Lösungen

zu Seite 31 bis Seite 33: Deutsch für Friseurinnen und Friseure

1b

Richtig sind: 2 und 3.

2a

- 3 die Haare waschen
- 2 mit der Kundin / dem Kunden über den Haarschnitt sprechen
- 8 die Haare föhnen
- 4 die Haare ausspülen
- 6 die Haare kämmen / bürsten
- 7 die Haare schneiden
- 5 die Haare mit dem Handtuch trocknen
- 1 der Kundin / dem Kunden einen Platz anbieten

2c

F: Guten Tag, Frau Bekesi. Sie dürfen hier Platz nehmen.
K: Danke sehr.
F: Möchten Sie etwas zu trinken? Ein Glas Wasser vielleicht oder eine Tasse Kaffee?
K: Oh ja, gerne, das wäre nett. Eine Tasse Kaffee, bitte. Mit Milch und Zucker.
F: So, bitte, Ihr Kaffee. Was machen wir denn mit Ihren Haaren?
K: Ach, bitte nur nachschneiden. Der Schnitt gefällt mir nämlich sehr gut.
F: Das freut mich. Würden Sie dann bitte gleich zum Waschbecken mitkommen?
K: Zum Waschbecken? Ja, natürlich, gerne.
F: Ist das Wasser zu kalt?
K: Nein, die Temperatur ist gerade richtig so.
F: So. Ich gebe Ihnen noch eine Pflegespülung auf das Haar und dann können Sie wieder an Ihren Platz gehen.

3a

1 Seine Haare sind lockig. / Er hat Locken.

2 Sie hat Zöpfe.

3 Seine Haare sind gestuft.

4 Sie hat einen Pferdeschwanz.

5 Er hat den Scheitel links.

6 Sie hat glatte Haare und Fransen / einen Pony.

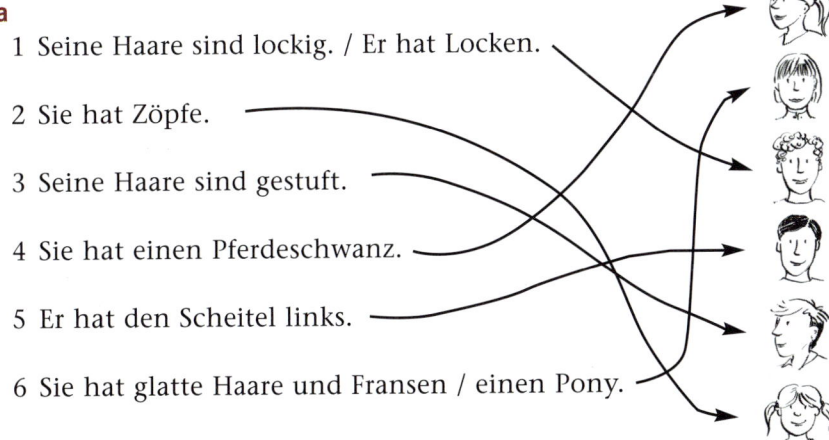

Schritte plus im Beruf

Lösungen

zu Seite 34 bis Seite 37: Deutsch für Handling-Personal / Lader am Flughafen

1b

Die Bremsklötze sind vor dem Fahrwerk.
Das Gepäck ist auf dem Gepäckförderband.
Die Container sind im Rumpf.
Die Pylone sind zwischen dem Highlifter und dem Fahrwerk.
Die Leiter ist neben dem Flugzeug.
Der Highlifter steht am Flugzeug.
Die Fluggastbrücke ist hinter dem Flugzeug.
Der Flugzeugschlepper ist vor dem Flugzeug.

c

Über die Fluggastbrücke können die Passagiere → einsteigen und aussteigen.
Mit dem Gepäckwagen bringt man → die Gepäckstücke zum Flugzeug.
Mit dem Gepäckförderbandwagen und dem Highlifter kann man → das Flugzeug schnell beladen oder entladen.
Die Leiter braucht man, wenn man → die Ladeluke öffnen oder schließen muss.
Mit dem Rofan fährt man → die Container ans Flugzeug.
Der Flugzeugschlepper kann das Flugzeug → über das Vorfeld schleppen.
Wenn das Flugzeug zum Abflug bereit ist, muss man → die Bremsklötze wegnehmen.

2

Vor dem Abflug:
- die Gepäckstücke vom Gepäckband _holen_
- die Gepäckstücke nach Flug- und Flughafencodes _sortieren_
- die Gepäckstücke zum Flugzeug _bringen_
- das Förderband an die Ladeluke des Flugzeuges _anbringen_
- das Flugzeug mit dem Gepäck und den Containern _beladen_

Nach der Landung:
- das Flugzeug schnell _entladen_
- die Gepäckstücke zur Gepäckausgabe _fahren_
- die Gepäckstücke vorsichtig aufs Gepäckband _legen_

Schritte plus im Beruf  Lösungen

zu Seite 34 bis Seite 37: Deutsch für Handling-Personal / Lader am Flughafen

3

Zu seiner Sicherheit muss das Personal auf dem Abfertigungsfeld eine Warnweste, einen Gehörschutz, Sicherheitshandschuhe und feste Sicherheitsschuhe tragen, denn die Arbeit auf dem Vorfeld ist gefährlich und laut.

4

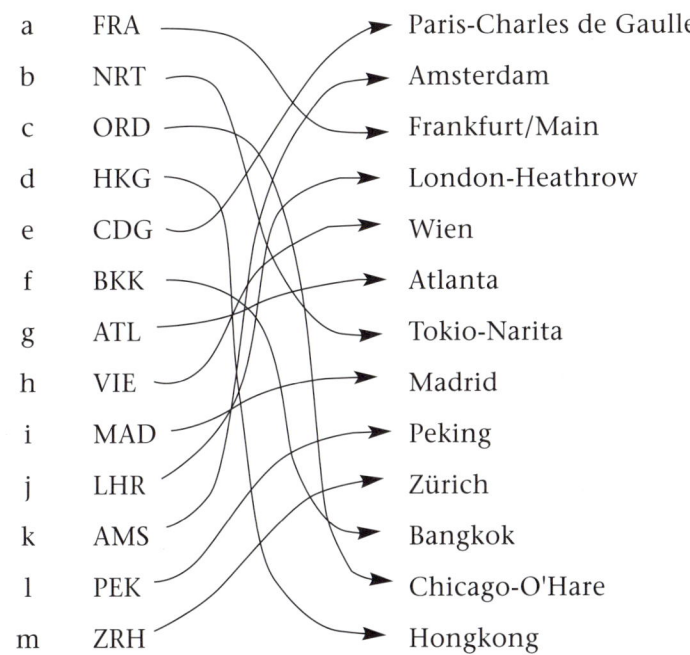

b

Amsterdam liegt in den Niederlanden.
Paris liegt in Frankreich.
Frankfurt liegt in Deutschland.
London liegt in England.
Wien liegt in Österreich.
Atlanta und Chicago liegen in den USA.
Tokio liegt in Japan.
Madrid liegt in Spanien.
Peking und Hongkong liegen in China.
Zürich liegt in der Schweiz.
Bangkok liegt in Thailand.

5

Richtig sind a, c und e.

Schritte plus im Beruf  Lösungen

zu Seite 38 bis Seite 41: Deutsch für Kellnerinnen und Kellner

1b

Richtig sind:
Als Hauptspeise kann man zwischen zwei Fleischgerichten und einem Fischgericht wählen.
Zu den Hauptspeisen gibt es verschiedene Beilagen.

2a

- [4] die Gäste begrüßen und Ihnen einen Tisch anbieten
- [9] dem Gast / den Gästen die Jacken / die Mäntel abnehmen
- [8] dem Gast / den Gästen die Speisekarte geben / ein Gericht empfehlen
- [3] die Bestellung aufnehmen
- [10] die Getränke bringen und einschenken
- [1] das Essen servieren
- [7] den Gast / die Gäste fragen: Schmeckt das Essen? / Hat das Essen geschmeckt?
- [5] den Tisch abräumen
- [2] die Rechnung bringen und abkassieren
- [6] sich bedanken und verabschieden

b

- ▲ Guten Tag. Möchten Sie vielleicht dort am Fenster *sitzen*?
- ● Gern. Vielen Dank.
- ▲ Darf ich Ihnen *die Jacke abnehmen*?
- ● Nein, danke. Ich behalte meine Jacke lieber an.
- ▲ Wie Sie möchten. Hier ist unsere Speisekarte.
  Ich kann Ihnen heute besonders das Pfeffersteak *empfehlen*.
- ● Das klingt gut. Ich nehme das Pfeffersteak, dazu einen Tomatensalat und ein Glas Rotwein, bitte.
- ▲ *Hier ist schon einmal Ihr Wein. Zum Wohl!*
- ▲ *So, Ihr Pfeffersteak und der Tomatensalat. Guten Appetit!*
- ▲ *War es recht so? Darf ich den Teller schon mitnehmen?*
- ● Ja, danke, es war sehr gut. Den Teller können Sie gerne mitnehmen, ich bin fertig.
  Ich möchte dann auch gleich zahlen, bitte.
- ▲ *Das macht dann 26,50 Euro, bitte.*
- ● Bitte. Stimmt so, der Rest ist für Sie.
- ▲ *Vielen Dank. Einen schönen Tag und auf Wiedersehen.*
- ● Auf Wiedersehen.

Schritte plus im Beruf  Lösungen

zu Seite 38 bis Seite 41: Deutsch für Kellnerinnen und Kellner

c

1 Entschuldigen Sie, aber das Fleisch ist zu zäh! — Das tut mir leid. Darf ich Ihnen vielleicht ein anderes Gericht bringen?

2 Wann kommt unser Essen denn endlich? Wir warten schon eine halbe Stunde! — Entschuldigen Sie. Ihr Essen kommt sofort. Darf ich Ihnen solange etwas zu trinken bringen?

3 Sagen Sie: Könnte ich denn statt der Kartoffeln Reis bekommen? — Aber gerne. Möchten Sie Basmatireis oder unseren Gemüsereis?

4 Entschuldigung! Die Suppe ist kalt! — Das tut mir leid. Wir machen sie Ihnen noch einmal warm. Einen Augenblick, bitte.

5 Entschuldigen Sie, die Rechnung stimmt nicht. — Tatsächlich? Oje, Sie haben recht. Das war ein Versehen. Bitte entschuldigen Sie vielmals!

3a

süß	Zucker, Vanilleeis, Obstsalat, Honig, ~~Kartoffelklöße~~
bitter	Espresso, dunkle Schokolade, Bier, ~~Bratwurst~~, Tee
scharf	~~Pfannkuchen~~, Pepperoni, Pfeffer, Senf, Soße
sauer	Essiggurke, Zitrone, Milch, ~~Wiener Schnitzel~~, Rhabarberkuchen

b

Fleisch:	fett, mager, roh, zäh, zart, saftig
Wein:	lieblich, rosé, trocken, rot, halbtrocken, weiß
Kaffee:	schwarz, stark, heiß, koffeinfrei, schwach

Schritte plus im Beruf  Lösungen

zu Seite 42 bis Seite 48: Deutsch für Kfz-Mechatronikerinnen und -Mechatroniker

1b

1	2	3	4	5	6	7	8	9	10
I	J	B	G	F	D	C	E	A	H

c

Wenn ein Kunde sein Fahrzeug zur Wartung in die Werkstatt bringt, *notiert* (1) der Kfz-Mechatroniker zuerst den Kilometerstand und *untersucht* (2) die Karosserie von außen und von unten. Wenn es Schäden gibt, informiert der Kfz-Mechatroniker seinen Kunden darüber und *bespricht* (3) mit ihm das weitere Vorgehen. Dann muss er den Wartungsdienstplan des Autoherstellers Punkt für Punkt *abarbeiten* (4): Dabei muss der Kfz-Mechatroniker zum Beispiel bestimmte Teile sauber machen, also *reinigen* (5), das Motor- und Getriebeöl *auswechseln* (6) und die Lichter richtig *einstellen* (7). Wenn Ersatzteile nötig sind, muss er sie bestellen und später *einbauen* (8) bzw. montieren. Zum Schluss macht der Kfz-Mechatroniker noch eine Probefahrt und *übergibt* (9) das Fahrzeug dann wieder dem Kunden.

2

1 die Karosserie
2 Räder und Bremsen
3 die Fahrzeugunterseite
4 die Flüssigkeitsstände
5 der Motorraum
6 die Fahrzeugfront- und Fahrzeugheckseite
7 der Kofferraum
8 der Fahrzeuginnenraum

b

Das Fahrzeug gehört Herrn Koch.
Es ist seit 2004 angemeldet.
Es muss nach 36000 Kilometern zur Wartung in die Werkstatt.

3a

Gespräch 1: Ein Kunde hat ein Problem mit seinem Auto und vereinbart einen Termin zur Reparatur.
Gespräch 2: Ein Lehrling meldet sich krank und bittet seinen Chef, ein Auto fertig zu warten.

4

a Der Motor springt leicht / schwer an. — Das Fahrzeug lässt sich gut / schlecht starten.
b Der Wagen hat eine Reifenpanne. — Der Wagen hat einen defekten Reifen.
c Das Fahrzeug hat einen Totalschaden. — Das Auto ist so kaputt, dass man es nicht mehr reparieren kann.
d Die Batterie ist erschöpft. — Die Batterie muss man aufladen oder wechseln. Sie funktioniert nicht mehr.
e Die Windschutzscheibe hat einen Sprung. — Sie hat einen kleinen Riss.
f Der Auspufftopf ist undicht. — Er hat ein Loch.
g Bei dem Unfall gab es nur Blechschaden. — Bei dem Unfall ist nur die Karosserie kaputtgegangen.
h Hier ist ein Kratzer im Lack und man kann schon Rost sehen. — Die Farbe ist an einer kleinen Stelle abgegangen. Die Stelle ist rötlich-braun, also rostig geworden.

Schritte plus im Beruf  Lösungen

zu Seite 49 bis Seite 53: Deutsch für Kinderpflegerinnen und Kinderpfleger

1b

Im Garten:	auf dem Dreirad fahren, rutschen, im Sand spielen, herumtoben, schaukeln
In der Kuschelecke:	ein Bilderbuch vorlesen oder ansehen, sich ausruhen
In der Bastelecke:	mit Pinsel und Farbe ein Bild malen, mit der Schere etwas ausschneiden, etwas kleben
Im Wickelbereich:	ein Kind wickeln, den Po eincremen, den Po mit dem Feuchttuch säubern, das Kind auf das Töpfchen setzen
In der Puppenecke:	die Puppe füttern, die Puppe umziehen, für die Puppe kochen, die Puppe schlafen legen
In der Bauecke:	die Bauklötze in die Kiste räumen, einen Turm bauen

2a

1 Hanna fragt: „Machst du mir den Knopf zu?"
   Schau mir mal zu. Ich zeige dir, wie man das macht.

2 „Chiara gibt mir mein Auto nicht zurück. Ich hatte es zuerst." „Nein, ich hatte es zuerst."
   Aha. Da ärgert ihr euch beide jetzt sehr. Und wie könnt ihr zwei das Problem lösen?

3 David lässt Timo nicht mitspielen.
   Warum darf Timo denn nicht mitspielen? Da ist doch genügend Platz für euch beide.

4 Es regnet. Die Kinder sollen sich für den Spielplatz anziehen.
   Zieht bitte eure Matschhosen und Gummistiefel an!

5 Felix hat Gökhan während des Frühstücks gebissen.
   Das darfst du nicht machen. Das tut ihm weh!

6 Sebastian ist unsicher und traut sich wenig zu.
   Du schaffst das. Trau dich!

7 Heute hat Sebastian ganz allein den Frühstückstisch gedeckt.
   Gut hast du das gemacht. Da kannst du jetzt aber stolz auf dich sein.

8 Fiona ist gestürzt und hat sich wehgetan.
   Zeig mal. Das ist nicht so schlimm. Da kleben wir ein Pflaster drauf.

b

2	einen Konflikt schlichten	5	ein Kind schimpfen
4	den Kindern Anweisungen geben	1	ein Kind anleiten
8	trösten	3	ein Kind integrieren
6	einem Kind Mut machen	7	loben

Schritte plus im Beruf — Lösungen

zu Seite 49 bis Seite 53: Deutsch für Kinderpflegerinnen und Kinderpfleger

3a
1 Fabrizio ist *eifersüchtig*.
2 Niklas ist *quengelig*.
3 Lilly ist *wissbegierig*.
4 So ein Verhalten nennt man *trotzig*.
5 Noël ist *schüchtern*.
6 Louise ist *selbstständig*.
7 Tim ist *aggressiv*.
8 Marko ist *ausgeglichen*.

b
brav – frech
zurückhaltend – aufgeschlossen
ruhig – lebhaft
offen – verschlossen
gehorsam – ungehorsam
leise – laut
traurig – fröhlich
ängstlich – mutig
zufrieden – wütend

4a

Hallo, Frau Eder! Wie ging es denn mit Anna heute? → Ganz gut, nur ein bisschen trotzig war sie.

So? Was hat sie denn gemacht? → Erst wollte sie ihre Hausschuhe nicht anlassen. Dann wollte sie unbedingt ohne Regenjacke in den Garten.

Ja, das kenne ich zurzeit von zu Hause: ein ständiger Machtkampf. → Das ist ganz normal in dem Alter. Sie probiert aus, wo die Grenzen sind.

Ja, meinen Sie? Dann bin ich ja beruhigt. Hoffentlich wird das bald wieder besser. → Bestimmt. Das sind Phasen und die gehen auch schnell vorbei. Sonst war alles in Ordnung: Anna hat gut gegessen und eine Stunde Mittagsschlaf gemacht. Ah, da kommt sie ja …

5

Liebe Eltern,

am Donnerstag, den 17. Juli machen wir einen Ausflug in den Zoo. Bitte ziehen Sie die Kinder an diesem Tag dem Wetter entsprechend an und bringen Sie sie bis um 8 Uhr zu uns in den Kindergarten.
Um 8.30 fahren wir mit dem Bus los und kommen um 14 Uhr wieder zurück.
Geben Sie den Kindern bitte für unseren Ausflug auch eine gesunde Brotzeit mit (bitte keine Süßigkeiten). Die Getränke bringen wir mit.

Wir freuen uns auf einen schönen Tag mit unseren Kindern.

Herzliche Grüße

Ihr Kindergarten-Team

Schritte plus im Beruf — Lösungen

zu Seite 54 bis Seite 58: Deutsch für Köche und Küchenhilfen

1b

1	2	3	4	5	6	7	8	9	10	11	12
B	E	G	D	F	J	I	C	A	H	L	K

2a

1	2	3	4	5	6	7	8
E	G	F	A	B	H	D	C

2b

1. 3 Esslöffel Olivenöl in die Pfanne *geben*.
2. Zwiebeln und Knoblauch *schälen*, in Würfel *schneiden* und in der Pfanne *anbraten*.
3. Den Blattspinat gründlich *waschen* und hinzugeben.
4. Fischfilets auf den Spinat legen und *dünsten* (den Deckel dabei *schließen*).
5. Nach Bedarf mit Salz, Pfeffer und Muskat *würzen*.
6. Kurz vor Ende der Garzeit die Tomaten *hinzugeben* und mit Basilikum *bestreuen*.
7. Zum Schluss mit Reis oder Nudeln *servieren*.

3b

Rindersteak — 2
Schweinekotelett — 8
Putenschnitzel — 1
Hirschgulasch — 3
Kalbsschnitzel — 6
Gänsebraten — 7
Lammkeule — 4
Hühnerbrust — 5

3c

- [X] Muscheln
- [ ] Hase
- [X] Rotbarsch
- [X] Scholle
- [X] Seezunge
- [X] Hering
- [X] Garnelen
- [ ] Fasan
- [X] Forelle
- [ ] Hammel
- [X] Dorsch
- [X] Hecht

4

a Ist das Gewürz scharf oder *mild*?
b Das Fleisch ist ganz zart und nicht *zäh*.
c Dieser Schinken ist gekocht und dieser *roh*.
d Ist der Käse fett oder *mager*?
e Das Steak sieht nicht besonders saftig aus. Nein, es ist leider ziemlich *trocken*.
f Ist das Ei weich oder ist es *hart*?
g Das Brot ist alt. Gestern war es *frisch*.
h Ist ein Kaiserschmarren süß oder *salzig*?

Schritte plus im Beruf — Lösungen

zu Seite 59 bis Seite 63: Deutsch für Krankenschwestern und Krankenpfleger

1b

1	2	3	4	5	6	7	8	9	10
C	E	G	F	A	B	D	J	H	I

2a

- [7] die Anästhesie-Ambulanz
- [2] die Chirurgie
- [3] die Frauenklinik und Geburtshilfe
- [6] die Gefäßchirurgie
- [1] die HNO-Klinik
- [4] die Kardiologie
- [5] die Innere Medizin

3

- ◆ Guten Tag, Frau Beer. *Ich bin Schwester Annette. Ich bin heute bis 22 Uhr für Sie da.*
- ■ Guten Tag, Schwester Annette.
- ◆ *Wie fühlen Sie sich denn?*
- ■ Es geht mir schon wieder viel besser. Danke. Nur sehr müde bin ich noch.
- ◆ Ja, das glaube ich. Das ist ganz normal. *Was machen Ihre Schmerzen? Haben die Tabletten geholfen?*
- ■ Ja. Auf jeden Fall. Ich spüre eigentlich nichts mehr.
- ◆ Na, wunderbar. *Und wie kommen Sie mit den Thrombosestrümpfen zurecht?*
- ■ Auch gut, danke. Die möchte ich natürlich nicht immer tragen …
- ◆ Das müssen Sie auch nicht, Frau Beer. Wir messen jetzt noch einmal Ihren Blutdruck und kontrollieren Ihre Temperatur. *Bekommen Sie heute noch Besuch?*
- ■ Ja, meine Tochter wollte heute nach der Arbeit noch einmal vorbeikommen.
- ◆ Das freut mich. So, jetzt machen Sie bitte Ihren Arm frei. … Na, das sieht gut aus, 80 zu 120. … Und Fieber haben Sie auch nicht mehr. Schön, Frau Beer. *Herr Dr. Weiß macht übrigens so gegen 16 Uhr seine Visite und untersucht Sie dann noch einmal.*
- ■ In Ordnung, Schwester Annette. Dann weiß ich Bescheid. Vielen Dank.
- ◆ Gerne, Frau Beer. Bis später!

Schritte plus im Beruf — Lösungen

zu Seite 59 bis Seite 63: Deutsch für Krankenschwestern und Krankenpfleger

5

a Medikamente von Firmen mit dem Anfangsbuchstaben C bestellt man bei Frau Koschnik. ☒

b Wenn man ein Medikament von der Firma Mencke bestellen möchte, spricht man mit Frau Müsch. ☐

c Gibt es das Medikament als Tablette oder als Salbe? Für Frau Koschnik und Frau Müsch ist diese Information nicht so wichtig. ☐

d Wenn man ein Medikament bestellt, muss man auch wissen, wie viel es kostet. ☒

e Man muss bei einer Bestellung auch angeben, wie viel man von einem Medikament braucht. ☒

f Wenn man ein Medikament sehr dringend braucht, ruft man die beiden Mitarbeiterinnen in der Klinik-Apotheke am besten an. ☐

6

Sehr geehrte Frau Müsch,

für die Kinderstation möchte ich folgendes Medikament bestellen:

20 Packungen Parmin 500 der Firma Medizini, Artikelnummer 3559.48.78.
Wir möchten das Medikament als Zäpfchen.
Eine Packung N1 enthält 10 Stück und kostet 2,99 €.

Vielen Dank für Ihre Hilfe.

Mit freundlichen Grüßen

A. Leibl

Schritte plus im Beruf — Lösungen

zu Seite 64 bis Seite 66: Deutsch für Lagerkräfte

1b
- A die Auftragsbearbeitung
- B der Kommissionierbereich
- C die Wiege- und Packstation
- D der Wareneingang / der Warenausgang
- E die Laderampe

1c

- [C] die Ware wiegen
- [A] schriftliche oder telefonische Bestellungen entgegennehmen
- [B] die Ware am Förderband kommissionieren
- [C] die Ware verpacken
- [E] den Lastwagen beladen oder entladen
- [D] den Müll entsorgen
- [C] die Ware scannen
- [B] die Ware in ein Regal einsortieren
- [A] einen Lieferschein ausstellen
- [D] die Ware am Warenausgang auf Paletten stapeln

In der Auftragsbearbeitung nimmt man die Bestellungen entgegen.
Dort stellt man auch den Lieferschein aus.

Im Kommissionierbereich kommissioniert man die Ware am Förderband.
Dort sortiert man auch die Ware in Regale ein.

An der Wiege- und Packstation wiegt und verpackt man die Ware.
Dort scannt man die Ware auch.

Im Warenausgang stapelt man die Ware auf Paletten und entsorgt den Müll.

An der Laderampe belädt oder entlädt man den Lastwagen.

2

a Was muss die Lagerkraft hier verschicken? — Ein Kursbuch Schritte plus 1.
b Wie viel wiegt die Sendung? — 515 Gramm.
c Wie heißt die Kundin / der Kunde? — Verena Hagen.
d Wo wohnt die Kundin / der Kunde? — In der Reichenbachstraße 12, in Salzburg.
e Welche Kundennummer hat sie / er? — G.
f Wann hat der Lagermitarbeiter die Rechnung erstellt? — Am 07.05.20..
g Wer übernimmt die Lieferung? — Die Post.
h Wo findet die Lagerkraft die Ware? — Am Lagerort J- /033.

3

- [d] Hier muss man sehr gut aufpassen. Die Waren können für Lagerkräfte gefährlich sein.
- [f] Die Ware ist kaputt.
- [e] Die Ware gibt es nicht mehr.
- [c] Lebensmittel können schlecht werden. Sie müssen an einen kühlen Ort kommen.
- [b] Die Ware ist aus Glas und kann leicht kaputtgehen.
- [a] Die Ware ist beim Transport nicht kaputtgegangen. Alle Teile sind da.

Schritte plus im Beruf — Lösungen

zu Seite 67 bis Seite 69: Deutsch für Malerinnen und Maler

1b
Richtig sind: 2 und 3.

2a

den Fußboden	abschleifen und lackieren
die Farbe	aufstellen, zusammenklappen, hinauf-/hinuntersteigen
die Wände	mit Putz oder Kitt verspachteln und übermalen
Fenster- und Türrahmen	entfernen
die Leiter	in die Farbe tauchen, abstreifen, auswaschen
Löcher in der Wand	abstreichen, anrühren, mischen, verdünnen, dick/dünn auftragen
Farbspritzer am Fenster	streichen oder tapezieren
den Pinsel	abdecken und abkleben

2b

Der Maler kommt! GmbH & Co. KG Malereibetrieb · Bergstr. 7 · 82166 Gräfelfing · Telefon (089) 88897712 · Telefax (089) 88897713

Tagelohnbericht – Nummer: 4   Datum: 26. März
Straße, Ort: Bahnhofstr. 17, 82166 Gräfelfing   Bauteil: innen [X] / außen [ ]

Mitarbeiter	Tag	Stunden	Beschreibung der Arbeiten	Materialverbrauch
Martin Krug	26.03.	1,5 h	Bad und Toilette abgeklebt und abgedeckt	20% Material-/Werkzeugpauschale (auf Stundenlohn bezogen)
		4	Wohnzimmer verspachtelt und geschliffen, Farbspritzer von Fenstern entfernt	
		2,5	im Schlafzimmer Decke und Wände gestrichen	

Unterschrift Mitarbeiter: *M. Krug*
Unterschrift Kunde / Auftraggeber: *Schmidt*

3a
1C; 2B; 3E; 4A; 5D

3b

hell: *maisgelb, beige, altrosa, perlweiß, himmelblau*
dunkel: *tiefschwarz, nussbraun*
warm: *maisgelb, feuerrot, blutorange, beige, nussbraun*
kalt: *himmelblau, signalgrün, tiefschwarz*
leuchtend: *signalgrün, feuerrot, blutorange*

Schritte plus im Beruf  Lösungen

zu Seite 70 bis Seite 75: Deutsch für Maurerinnen und Maurer (Baustelle)

1b

1	2	3	4	5	6	7	8	9	10	11	12
I	J	H	L	G	K	F	C	B	D	A	E

2

a 4; b 1; c 3; d 2

4

Einheit: Baustoff:

Liter (l)   Beton
                                         Zement

Kilogramm (kg)   Putz
                                          Stahlstützen

Tonne (t)   Holzträger
                                          Mattenstahl

Stück (st)   Stabstahl
                                          Ziegelsteine

Quadratmeter (m²)   Mörtel
                                          Sand

Kubikmeter (m³)   Schaltafeln

4a

Richtig sind: 1, 4 und 5.

5a

der Feuerlöscher   der Helm   die Schutzhandschuhe

die Schutzbrille   die Sicherheitsschuhe   der Gehörschutz

Schritte plus im Beruf — Lösungen

zu Seite 76 bis Seite 80: Deutsch für Mitarbeiterinnen und Mitarbeiter an der Rezeption

2a/b

R: Herzlich willkommen im Park-Hotel! Hatten Sie eine gute Reise?
G: Ja, danke, wir hatten einen sehr schönen Flug. Und der Transfer zum Hotel hat auch sehr gut geklappt.
R: Das freut uns. Darf ich bitte Ihren Pass und Ihren Hotelgutschein sehen?
G: Einen Moment, bitte. So, hier sind die Pässe und unser Gutschein.
R: Danke sehr! Würden Sie dann bitte dieses Anmeldeformular ausfüllen?
G: Natürlich. Hätten Sie einen Stift für mich?
R: Ja, hier bitte.
G: Wunderbar. Eine Frage: Wo können wir denn unsere Wertsachen aufbewahren?
R: In Ihrem Zimmer gibt es einen kleinen Safe. Möchten Sie den mieten?
G: Ja, bitte. Das wäre gut. In welchem Stock ist denn unser Zimmer?
R: Im vierten. Sie haben das Zimmer 412. Ich sehe einmal nach, ob Ihr Zimmer schon fertig ist. ...
   Ja, das ist es. Hier ist Ihr Schlüssel. Der Aufzug ist dort auf der linken Seite. Wir wünschen Ihnen einen angenehmen Aufenthalt!
G: Danke sehr!

4a

1	2	3	4	5
E	D	A	C	B

5

G: Guten Morgen. Könnten Sie bitte meine Rechnung fertig machen? Ich reise nämlich heute Mittag ab.
R: *Selbstverständlich. Sagen Sie mir bitte Ihren Namen und Ihre Zimmernummer?*
G: Mein Name ist Lang. Und die Zimmernummer war die 240.
R: Vielen Dank. *Hat es Ihnen denn bei uns gefallen?*
G: Ja, sehr gut. Vielen Dank. Der Aufenthalt bei Ihnen war sehr angenehm.
R: Das freut uns. *Kann ich sonst noch etwas für Sie tun?*
G: Ja, ich muss erst um 13 Uhr Richtung Flughafen losfahren. Könnte ich vielleicht bis dahin mein Gepäck bei Ihnen abstellen?
R: *Aber sicher. Sie können es hier abstellen. Haben Sie noch einen Wunsch?*
G: Oh ja. Würden Sie mir bitte ein Taxi für 13 Uhr bestellen?
R: *Gerne, das mache ich sofort. Dann wünsche ich Ihnen noch einen schönen Vormittag, Herr Lang.*
G: Danke sehr. Bis später dann.

Schritte plus im Beruf

 Lösungen

zu Seite 82 bis Seite 85: Deutsch für Reinigungskräfte

1b

Sie haben ...	Dann können Sie ...
einen Eimer mit Wasser, einen Wischmopp und Putzmittel.	den Boden nass wischen.
einen Besen, eine Kehrschaufel und einen Handbesen.	kehren.
einen Müllsack.	die Mülleimer leeren.
Wasser und einen Fensterabzieher / ein Fensterleder.	die Fenster putzen.
einen Staubsauger.	Staub saugen.
einen Staubwedel.	Staub wischen.
Gummihandschuhe, einen WC-Reiniger, eine Bürste und einen Lappen.	die Sanitäranlagen (WC, Waschbecken etc.) reinigen.
einen Schwamm, Wasser und Spülmittel.	Geschirr spülen.

2

Richtig sind: a, b, f und g. Falsch sind: c, d, e und h.

3a

- [E] Die Spiegel im Bad sind schmutzig.
- [G] Der Teppich sieht nicht sauber aus, er hat Flecken.
- [F] Das Wasser im WC läuft nicht mehr ab. Es ist verstopft.
- [D] Der Boden ist aus Holz.
- [C] Der Schmutz in der Badewanne geht sehr schlecht weg.
- [B] Die Möbel sollen glänzen.
- [A] Sie möchten ein Putzmittel für alles.
- [H] Im WC darf es keine Bakterien geben, es muss keimfrei sein.

3b

Ein Produkt mit diesem Symbol

... ist für Pflanzen und Tiere giftig. Man darf es nicht in den normalen Müll werfen.	[E]
... ist sehr giftig. Wenn man es einatmet, verschluckt oder es auf die Haut kommt, kann man sterben.	[D]
... kann leicht Feuer fangen. In seiner Nähe darf man nicht rauchen.	[A]
... darf man nicht in die Augen bekommen, denn dann werden sie rot und man sieht nicht mehr so gut.	[B]
... macht die Haut und anderes Gewebe kaputt. Man sollte Schutzhandschuhe und eine Schutzbrille tragen, wenn man dieses Mittel benutzt.	[C]

Schritte plus im Beruf  Lösungen

zu Seite 86 bis Seite 91: Deutsch für Taxifahrerinnen und Taxifahrer

1b

1	2	3	4	5	6	7	8	9	10	11	12
G	L	A	K	C	E	J	I	D	F	B	H

2a

Sind Sie frei? → Nein, das Taxi ist leider schon besetzt.

506, können Sie einen Fahrgast in der Aribostraße 2 abholen? Er wartet schon und möchte zum Hafen. → Einverstanden, in zehn Minuten bin ich da.

Könnten Sie mich bitte hier rauslassen? → Hier darf ich nicht halten. Ich kann Sie aber gerne da vorne rauslassen.

Hier sind zehn Euro, der Rest ist für Sie. → Ich bedanke mich und wünsche noch einen schönen Tag!

Könnten Sie bitte etwas schneller fahren? Mein Zug geht in zehn Minuten. → Das geht leider nicht. Die Höchstgeschwindigkeit ist hier 80 Kilometer pro Stunde.

Eine Frage: Kennen Sie ein gutes Restaurant hier in der Nähe? → Ja, es gibt einen guten Italiener fünf Minuten von hier. Soll ich Sie hinfahren?

b

- Nein, die Mitnahme von einem Rollstuhl ist kostenlos.
- Die Mitnahme von einem Kinderwagen? Die ist kostenlos.
- Nein, tut mir leid. Das ist ein rauchfreies Fahrzeug.
- Wenn das Gepäck nur im Kofferraum Platz hat, zahlen sie pro Gepäckstück 50 Cent.
- 60 Minuten Warten kosten 14 Euro 70.
- Ihr Hund darf mit. Aber Sie müssen einen Zuschlag von 50 Cent zahlen.

Schritte plus im Beruf — Lösungen

zu Seite 86 bis Seite 91: Deutsch für Taxifahrerinnen und Taxifahrer

3

FAHRPREISQUITTUNG

___ Stadtfahrt ___ Besorgungsfahrt
X Krankenfahrt ___ Schülerfahrt

Raschtax BetriebsGmbH
Bahnhofstraße 120
Düsseldorf, Taxi-Nr. _45_

Fahrpreis _25_ €. MwSt mit _7%_ ist enthalten.
Von _der Tassilostraße_ bis _zum städtischen Krankenhaus_.

Düsseldorf, den _28.4.20.._   Unterschrift: _Mehmet Akin_

www.Raschtax.de

4a

Guten Tag, Berg hier. Ich hätte gerne für morgen früh ein Taxi zum Flughafen.
Wie ist die Adresse, bitte?
Amalienstraße 17, dritter Stock.
Und um wie viel Uhr geht Ihr Flugzeug?
Moment, ich sehe noch einmal nach ... Ah ja, um 6 Uhr 55.
Gut, das Taxi ist dann um 5 Uhr 30 bei Ihnen. Wie war noch einmal Ihr Name?
Berg. Anton Berg.
Herr Berg, geben Sie mir doch bitte Ihre Telefonnummer.
Mobil erreichen Sie mich unter 0161 593 0594.
0161 593 0594. Geht in Ordnung. Vielen Dank und auf Wiederhören.

5

- [h] Hier darf man nur geradeaus fahren oder rechts abbiegen.
- [b] Überholen verboten!
- [c] Achtung! Schnee- oder Eisglätte!
- [e] Wenden verboten!
- [i] Hier muss man Vorfahrt gewähren.
- [j] Der Gegenverkehr muss warten.
- [f] Halten verboten!
- [a] Parken nur mit Parkscheibe erlaubt.
- [g] Stau!
- [d] Hier muss man mindestens 30 km/h fahren.

Schritte plus im Beruf — Lösungen

zu Seite 92 bis Seite 95: Deutsch für Verkäuferinnen und Verkäufer

1b

100 Gramm (g)	*Wurst, Schinken*
eine Kiste/eine Steige	*Äpfel*
ein (kleines/großes) Stück	*Käse*
ein Glas	*Marmelade, Honig*
eine Flasche	*Olivenöl, Essig*
ein Kilo (kg)	*Bananen, Kartoffeln*
ein halbes Pfund (250 Gramm)	*Tomaten, Paprika*

c

einen Becher	*Joghurt*
zwei Kilo (kg)	*Kartoffeln*
ein Päckchen	*Butter*
eine Packung	*Kaffee*
eine Dose	*Thunfisch*
eine Tafel	*Schokolade*
eine Tüte	*Kartoffelchips*

2

a Sag mal, könntest du mir bitte das Frischhaltepapier geben? Ich muss die Wurst und den Käse *einpacken*.

b Wie viel Gramm sind sechs Scheiben Schinken?
Einen Moment, das kann ich erst sagen, wenn ich ihn *gewogen* habe.

c Diesen Käse meinen Sie? Selbstverständlich *lasse* ich Sie davon *probieren*.

d Also, diesen Essig kann ich Ihnen *empfehlen*: Er ist nicht zu mild, aber auch nicht zu scharf.

e Möchten Sie den Käse am Stück oder soll ich ihn in Scheiben *schneiden*?

f Tut mir leid. Das haben wir leider nicht mehr vorrätig. Das müsste ich erst wieder *bestellen*.

g Sie möchten bezahlen? Einen Moment, ich komme gleich und *kassiere*.

h Geben Sie dem Kunden immer nur gute Ware! Denn sonst müssen Sie später *Reklamationen entgegennehmen* und das ist sehr unangenehm!

Schritte plus im Beruf — Lösungen

zu Seite 92 bis Seite 95: Deutsch für Verkäuferinnen und Verkäufer

3

Sie fragen den Kunden nach seinen Wünschen.	Sie möchten dem Kunden noch mehr verkaufen.	Sie fragen den Kunden nach seinem Einverständnis.	Sie möchten beim Kunden kassieren.
Was kann ich für Sie tun?	*Kann ich sonst noch etwas für Sie tun?*	*Macht es Ihnen etwas aus, wenn es etwas mehr ist?*	*Das kostet … .*
Sie wünschen?	*Haben Sie sonst noch einen Wunsch?*	*Sind Sie einverstanden, wenn ich … ?*	*Zahlen Sie bar oder mit Karte?*
Kann ich Ihnen helfen?	*Möchten Sie vielleicht auch noch … ?*	*Darf es auch ein bisschen mehr sein?*	*Das macht … .*
Womit kann ich Ihnen behilflich sein?	*Dieser … / Diese … / Dieses … ist im Angebot. Möchten Sie vielleicht einmal davon probieren?*		
	Heute kann ich Ihnen besonders diesen … / diese … / dieses … empfehlen. Darf ich Ihnen etwas davon zu probieren geben?		

5

Kundin / Kunde:

Was ist denn das für eine Wurst, bitte?

Ja, richtig, die rote.

Aha. Und was für Fleisch ist das?

Verstehe. Und wie isst man sie?

Interessant. Ist sie denn sehr scharf?

Nun, dann probiere ich mal die scharfe. Bitte geben Sie mir ein kleines Stück.

Verkäuferin / Verkäufer:

Die *Sobrassada* ist aus Schweinehackfleisch. Sie ist mit Paprika gewürzt. Deshalb ist sie auch so rot.

Man isst sie als Brotaufstrich. Wenn Sie möchten, können Sie sie aber auch kurz grillen und dann aufs Brot streichen.

Das kommt darauf an. Sie können die *Sobrassada* in drei Varianten haben: mild, mittel oder scharf.

Gerne. Ist es so recht? Ja? Das macht dann …

Welche meinen Sie? Diese hier?

Das ist eine *Sobrassada*, eine Wurstspezialität aus Mallorca.

6

a	b	c	d	e
3	4	5	1	2

Schritte plus im Beruf

zu Seite 96 bis Seite 98: Deutsch für Zimmermädchen und Roomboys

1b

1	2	3	4	5	6	7	8	9	10
F	E	G	I	A	J	B	D	C	H

2

                                                                                                                                                r

a Die Zimmer 106, 210, 312, 314, 409 und 502 müssen Sie zuerst reinigen.   ☒

b Das Zimmer 301 wird heute frei.   ☐

c In der 5. Etage müssen Sie heute nur ein Zimmer reinigen.   ☐

d In der 3. Etage werden vier Zimmer neu belegt.   ☒

3

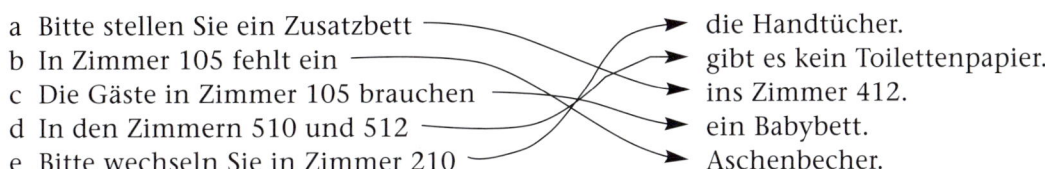

a Bitte stellen Sie ein Zusatzbett → ins Zimmer 412.
b In Zimmer 105 fehlt ein → Aschenbecher.
c Die Gäste in Zimmer 105 brauchen → ein Babybett.
d In den Zimmern 510 und 512 → gibt es kein Toilettenpapier.
e Bitte wechseln Sie in Zimmer 210 → die Handtücher.

4

1	2	3	4	5	6
E	D	B	C	F	A

5

a Ja, selbstverständlich. Das mache ich sofort.
b Sehen Sie doch bitte mal im Schrank nach. Da müsste noch eine liegen.
c Aber ja, ich bringe sie Ihnen sofort.
d Oh, das tut mir leid. Ich kümmere mich sofort darum.
e Das war unser Willkommensgeschenk für Sie. Leider bekommen Sie das nur an Ihrem ersten Tag.